梁夢萍 著

# 人生不是經濟學教的那樣

這世界不是讓你選的
**是逼你選的**

## LIFE BEYOND ECONOMICS

我們常以為自己在做選擇，選項卻早已被精心設計過
看似便宜划算的價格，背後隱藏著巨大的心理代價

# 目錄

第一章　理性錯覺：
　　　　你以為的邏輯，其實只是習慣⋯⋯⋯⋯⋯⋯⋯ 005

第二章　價值錯置：
　　　　錢的感覺為何不來自錢？⋯⋯⋯⋯⋯⋯⋯⋯⋯ 037

第三章　免費最貴：
　　　　誘導性選擇的陷阱設計學⋯⋯⋯⋯⋯⋯⋯⋯⋯ 067

第四章　恐懼的代價：
　　　　當感覺取代了判斷⋯⋯⋯⋯⋯⋯⋯⋯⋯⋯⋯⋯ 099

第五章　時間錯位：
　　　　你為什麼永遠拖延？⋯⋯⋯⋯⋯⋯⋯⋯⋯⋯⋯ 131

第六章　品牌的操控術：
　　　　不是你在選，是你被選了⋯⋯⋯⋯⋯⋯⋯⋯⋯ 159

# 目錄

第七章　制度不是中立的：
　　　　你所處的規則正在引導你選錯 ⋯⋯⋯⋯⋯⋯ 185

第八章　反常才正常：
　　　　適者生存的異常思維 ⋯⋯⋯⋯⋯⋯⋯⋯⋯⋯ 219

# 第一章
## 理性錯覺：
## 你以為的邏輯，其實只是習慣

## 第一章　理性錯覺：你以為的邏輯，其實只是習慣

### 第一節　為何你總是在「明知道不該」的情況下重蹈覆轍？

#### 你不是不懂風險，是習慣了錯誤

我們常說「吸取教訓」，但真正能從錯誤中學習並改變行為的人極少。從理財、職涯、情感到生活決策，重複犯錯背後並非意志薄弱，而是心理結構與行為模式的交織。人類天生具有現狀偏誤，傾向選擇熟悉的路，即使過去已證明那條路是錯的。更糟的是，錯誤之後的大腦會啟動合理化機制，讓我們相信「這次不一樣」。

更細緻來看，我們之所以無法真正學到教訓，是因為每一次的錯誤經驗，其實都伴隨一種「反直覺的合理性」。例如某次投資失利後，我們可能歸因於外在變數（如政經風險、平臺倒閉），而非承認自己過度依賴槓桿或未設停損點。這種「選擇後的保護性敘事」在心理上具有療癒性，卻也讓我們忽略了錯誤中的學習線索，進一步落入重複循環。

#### 制度如何默許錯誤一再發生

在你提供的資料中，無論企業經營或投資行為，都可看到決策者重複錯誤的現象。即便前一次的策略失敗，管理者仍傾

## 第一節　為何你總是在「明知道不該」的情況下重蹈覆轍？

向複製同一套模式，因為短期成果與績效獎酬機制鼓勵如此行為。在個人層次，小額投資人雖曾被高槓桿操作重創，卻在下波行情來臨時再次下注，僅僅因為「別人也這麼做」或「我總該有一次成功」。

企業制度往往也強化這種錯誤重演。例如以季度營收為主導的考核制度，使管理階層即使已知某項成本壓縮政策將對長期營運不利，仍會選擇「短期漂亮、長期虧損」的策略，因為眼前 KPI 影響獎金與升遷。不只個人，大組織也受限於制度結構而重複犯下可預見的錯誤。

### 大腦偏誤與社會信號的雙重陷阱

從認知心理學角度，大腦傾向使用已知模式節省運算能量，因此經驗被當成模版反覆使用，即使那是錯誤的經驗。這種心理捷徑，加上社會文化的獎懲訊號（例如「堅持到底才是強者」的價值觀），構成一種強大的認知失調場域，使人難以承認錯誤並調整行為。改變的成本不僅是決策風險，更是自我認同的動搖。

此外，我們也受到「社會參照點」所制約。當一個人身處在皆選擇相同行為的群體中（如炒股群組、創投圈、直銷社群），個體更難發現自身決策的荒謬性，因為「大家都這麼做」被視為一種間接認可。即使心中存疑，也會為了維持群體關係而持續錯誤選擇。

第一章　理性錯覺：你以為的邏輯，其實只是習慣

## 當制度懲罰修正，錯誤反而穩定

許多組織文化與政策設計，對於修正錯誤者並不友善，反而獎勵那些堅持原有決策到底的人。這導致一種「承認錯了就輸了」的社會心理，使人寧可繼續錯下去，也不願成為異議者。若無失敗容忍空間與動態回饋制度，個體將更傾向於沉沒成本謬誤，即使證據明顯，也選擇自我催眠繼續投入。

舉例來說，一位基金經理在某波段操作錯判後，若選擇撤出部位，將面臨客戶壓力與績效下滑評價；但若持續堅持並「加碼攤平」，反而有機會在少數反彈中獲得認可。這種獎懲機制倒錯，成為錯誤不斷的結構性根源。

## 跳出循環的第一步：辨識你的決策慣性

要打破這些錯誤連鎖，關鍵不在「更有紀律」，而是改變我們看待選擇與錯誤的方式。承認選錯，並不等於否定自己；而是表示你願意面對現實，做出更新行為程式的決定。真正的覺醒來自於辨識出：哪些是你主動的選擇，哪些只是過往記憶的殘影在替你決定。

未來當你在購物、投資、換工作或做人生決策時，不妨暫停三秒問自己：「這次的決定，真的不同於上次嗎？還是只是名字不一樣、陷阱一樣？」如果你能誠實面對這個問題，那你就有機會成為那少數真正能「吸取教訓」的人。

## 第二節　損失厭惡與後悔預期：我們如何對風險過度反應

### 痛比快樂深：人類天生抗拒損失

在面對相同數量的損失與獲利時，大多數人會對損失產生更強烈的情緒反應，這就是「損失厭惡」。這一原理由心理學家丹尼爾・康納曼與阿摩司・特沃斯基於前景理論中提出，說明人們對損失的敏感度幾乎是獲利的兩倍。在現實生活中，這導致我們傾向於保守選擇，即便明知更高風險可能帶來更大回報。例如，許多小型投資人寧願保留虧損的股票，也不願意承認失敗賣出，因為「實現損失」的心理痛遠超過帳面虧損。

不僅如此，損失厭惡也滲透到非財務決策之中。許多人在人際關係、職場選擇、時間管理上，往往不願放棄既有安排，即使早知這些安排已無效或有害。例如明知某段感情令人痛苦，卻因為「已經投入太多」而無法抽身。損失不僅來自金錢，更來自時間、情感與認同感，因此損失厭惡往往深植於人生每一個層面。

### 後悔的預期如何影響我們的選擇

我們不僅對損失敏感，還會提前「預想後悔」可能帶來的情緒傷害。這種稱為「後悔預期」的心理傾向，會讓我們在面對不

## 第一章　理性錯覺：你以為的邏輯，其實只是習慣

確定性時，選擇看似穩妥卻非最佳的選項。舉例來說，明明知道長期投資績效優於短線操作，但為了避免萬一短期內下跌而後悔，很多人選擇把錢放在定存、保單或停損過早。這種機制其實是一種心理的避險，讓我們能「先安撫未來的自己」，即使代價是錯過更大的潛在利益。

這種對未來後悔的預期，往往不是基於現實風險，而是基於社會評價與個人形象。人們害怕「被說早知道」、「被譏諷眼光差」、「被懷疑判斷力」，所以寧可選擇不作為或選安全牌。研究顯示，這種情況在公開場合或有外部監督情境下尤其明顯。換句話說，後悔預期與自我保護有密切關係，它不是單純的情緒，而是一種認知策略。

### 為什麼我們對損失反應過度？

這其實與人類演化歷程密切相關。在原始社會中，一次重大損失（如食物、水源、棲息地）可能導致生存風險，因此大腦進化出對損失高度敏感的警示系統。問題是，這種系統到了現代社會變成一種「過度反應」裝置：我們為了一筆小損失焦慮不已，卻忽略整體資產配置失衡；我們為了一時錯誤決策懊悔多年，卻錯過許多新的機會。這種不對稱反應使得我們在面對風險時，很難客觀衡量長短期利弊。

從神經經濟學的研究中也可發現，大腦對損失的反應區域（如杏仁核）比對獲利反應的區域活躍得多，這表示我們天生就

## 第二節　損失厭惡與後悔預期：我們如何對風險過度反應

有「看壞」的偏誤。在金融市場中，這種過度反應導致拋售潮、恐慌性清倉與低點割肉行為。即使在醫療、教育、創業等領域，過度擔憂失敗的情緒，也讓許多原本具備潛力的嘗試無疾而終。

### 社會與媒體如何放大我們的恐懼

資料中也指出，當市場媒體、社群平臺與名人意見同時放大「下跌」、「危機」、「虧損」等關鍵字時，將使得群體損失厭惡傾向加劇。例如新聞標題若使用「蒸發 2,000 億元」、「投資人損失慘重」等語句，就能喚起讀者的損失想像與焦慮，從而造成市場過度反應。這是一種心理敘事的連鎖反應，也是一種「外部強化的損失恐懼」，進一步加深大眾對風險的誤判。

此外，損失故事更具傳播性。心理學稱之為「負面偏好」：壞消息更容易引起注意與記憶。媒體若以「幾人破產」為主軸，其實比「幾人致富」更能引發點閱與討論，於是投資世界變成「風險強化場」，每次震盪都被描繪成危機重現，削弱了人們原本理性的風險承受力。

### 打破偏誤：我們需要什麼樣的風險思維？

要突破損失厭惡與後悔預期的束縛，第一步是建立「長期視角」與「總體評估」的思維。舉例而言，一次失敗的創業經驗是否真正帶來損失，還是提供寶貴的市場理解？一筆虧損的投資是否只是整體投資組合中必要的風險分散？如果我們能將風險

第一章　理性錯覺：你以為的邏輯，其實只是習慣

視為必要成本而非失敗結果，就能重新定義損失與回報的關係。

其次，我們也應該允許「後悔存在」，但不讓它主導行為。後悔是學習的觸媒，但當我們過度預期後悔時，反而抹煞了嘗試的勇氣。正向風險觀的核心不是否定風險存在，而是擁有足夠心理韌性去應對損失，讓風險成為轉機，而非威脅。

最終，能在風險中行動的人，不是沒有恐懼，而是願意面對恐懼。人生中很多決定本來就沒有完美選項，重點不是「避開風險」，而是「如何承受它」。當你能與損失共處、與後悔和平共存，你才真正擁有選擇自由。

## 第三節　選擇超載與思考疲乏症候群

> 選擇過多不是自由，是壓力來源

現代社會強調選擇權等於自由，但當選項數量過多時，反而讓我們無法做出決定。心理學家貝瑞・史瓦茲提出「選擇悖論」，指出當選項增加至一定程度後，人們不但不會更快樂，反而焦慮、拖延甚至後悔機率大幅提升。從購物網站的商品頁到自助餐的菜色欄，人們在面對過多選擇時，反而更常放棄選擇，或選擇後懷疑自己是否選錯，這是一種被資訊疲勞淹沒的現象。

## 第三節　選擇超載與思考疲乏症候群

### 資訊過載讓我們的大腦無法處理

資料指出，大腦每日處理的訊息量是數十年前的數百倍。在資訊超載的情境下，人腦難以完成有效過濾，導致認知資源耗盡。這不僅影響判斷品質，也造成心理疲憊與決策拖延。神經經濟學研究顯示，當選項數量太多時，大腦額葉皮質活動減弱，這意味著人會變得較不願意深度思考，轉而使用直覺或預設選項來節省心理能量。

### 自助選擇陷阱：看似貼心，實為壓力設計

超商、自助結帳機與線上購物平臺，處處充滿「自選機制」。但這些「自主選擇」的設計，其實並不總是以使用者利益為本。在商業邏輯中，「選擇權」是將成本轉嫁給消費者的手段。例如銀行要求客戶自選保險組合、電信業者提供數十種資費方案，表面上是彈性設計，實際上卻讓顧客難以辨識真正最適選項，進而提升誤選與附加銷售的機會。

### 思考疲乏讓人依賴預設與從眾

當人感到選擇壓力過大時，最常見的因應機制就是「照著來」。我們會接受網站預設值、追隨熱門排行、選擇熟悉品牌，只因為這樣省力。這種從眾行為並非懶惰，而是大腦的自保反應。但正因為如此，我們容易落入某些設計好的行銷陷阱：從

# 第一章　理性錯覺：你以為的邏輯，其實只是習慣

平臺推薦的演算法，到自動續約的訂閱服務，許多決策早已在我們感知之前被做出。

## 如何建立選擇的邊界與節奏？

面對過多選擇，我們不應只期待自己「更有耐心」或「更理性」，而應建立一套屬於自己的選擇原則。首先是限定選項：每次選擇只從 3～5 個中選擇，而非全盤搜尋。其次是區隔時間：把高認知負擔的選擇（如保險、貸款）安排在大腦清醒的早晨處理。最後是信任標準流程：與其每次從頭開始思考，不如建立可重複的選擇模型，降低決策疲乏感。唯有如此，我們才能在選擇爆炸的時代裡，保有思考與行動的主控權。

## 數位時代的選擇加壓機制

進一步來看，科技工具表面上讓我們更「自主」，但背後卻是另一種精緻的選擇操控。演算法推薦、行為追蹤與大數據模型，不僅在記錄我們的選擇，還在主導我們的未來偏好。當平臺依據用戶歷史紀錄不斷推播相似內容，會造成「選擇迴聲室」效應，使我們更難接觸到不同資訊來源。這種現象在影音平臺、購物網站甚至求職媒合系統中普遍存在，導致人們在「選項看似很多」的假象中，實際卻越來越難逃出自己的行為循環。

## 如何練習高品質的選擇抵抗力？

最後,我們必須發展一種現代公民必備的「選擇抵抗力」。這不只是拒絕誘惑,而是有意識地辨識那些「被設計的選擇」與「真正必要的決定」。例如:

- 設定每週一次資訊掃描時段,其餘時間關閉推薦演算法;
- 為高價值選項設立一日冷卻期,避免即時情緒主導決策;
- 練習預設退訂機制,例如自動續約服務定期檢討與刪除;
- 建立「個人選擇日誌」,記錄當下決策依據,日後自我回顧。

當我們主動建立這些抵抗結構,就能逐步取回被演算法與市場設計挪用的認知空間。真正自由的選擇不是多,而是有意識地選、知道自己為何而選,並對選擇後果能自負其責。這才是對抗選擇超載與思考疲乏的長期之道。

# 第四節　沒人是真正的理性消費者

## 理性模型只是理論,現實充滿感性因素

傳統經濟學中的理性消費者假設,認為人會根據完整資訊、清晰偏好與邏輯推理來做出最佳選擇,但現實世界中,這樣的理性只是理論建構。大多數人在實際購買過程中,往往受

第一章　理性錯覺：你以為的邏輯，其實只是習慣

到情緒、習慣、時間壓力、環境暗示等非理性因素的主導。你會在加油站順手買一瓶沒必要的能量飲料，不是因為你計算過成本效益，而是因為陳列位置與氣氛讓你感覺「應該補充」。我們的購買行為，常常是環境誘發的結果，而非個人深思熟慮的選擇。

## 廣告與行銷如何重新塑造「需要」

人類的需求並不是與生俱來，而是在社會文化中被建構出來的。廣告與品牌行銷正是這項建構的主力機制。從香水到健身會員、從智慧手錶到有機蔬菜，每一項產品背後不只是滿足基本需求，而是在滿足「想成為某種人」的想像。例如購買 iPhone，並非單純因為硬體效能，而是它象徵某種品味、社會階級與價值觀。消費行為不只是購物，更是身分認同的表達工具，而這種認同感往往由企業經營的品牌敘事主導，並非個人真實需求的自然延伸。

## 生活壓力與時間限制讓我們做出不理性的選擇

許多看似「不夠理性」的消費，其實是時間與心理負荷下的產物。在臺灣上班族的一天中，真正能騰出用來仔細比較保險方案、研究購物評價或設計理財配置的時間可能不到兩小時。因此，大多數選擇都是基於「簡便」、「節省麻煩」或「已經熟

## 第四節　沒人是真正的理性消費者

悉」來進行。即使消費者知道某方案不划算,也常選擇「先這樣」,等有空再處理,但「有空」永遠不會出現。

此外,還有一種心理代償作用稱為「消費性補償」。當人們感到情緒低落、生活不如意或無法控制大局時,會傾向透過購物來重建某種主控感或短期滿足。這也是為什麼許多人在情緒不佳或壓力爆表時,會有「報復性消費」、「犒賞自己」的衝動,而這樣的消費往往與實際需求無關,更加強了非理性消費的普遍性。

### 誰能真正掌握自己的選擇?

在這樣的背景下,理性消費幾乎成為一種奢望。但這並不代表我們無法做出更好的選擇,而是要接受「不完全理性」是常態,並學會與這種心理傾向和平共處。研究顯示,能夠建立個人消費原則、記錄消費心情與情境、並反覆回顧決策過程的人,較能辨識自己何時被誘導、何時真正主動選擇。

例如,一位曾深陷購物成癮的消費者分享,她每次網購前都會強迫自己寫下:「我為什麼現在需要這個?」然後再設定48小時冷卻期,過半數商品她最後都放棄。這不是理性勝出,而是透過制度與反思來補強理性的脆弱。要成為更理智的消費者,第一步不是知識,而是覺察自己正在被環境、行銷與情緒推動。

第一章　理性錯覺：你以為的邏輯，其實只是習慣

### 理性消費的可能與限制

要強化理性消費，我們不必追求完美判斷，而是設法創造「有助於做對的選擇」的環境。包括設定預算、自動轉帳、自我延遲購買、減少刷卡、簡化選項等方式，都能讓消費決策更少受到感性干擾。此外，社群互助也是一種策略：與朋友互相討論、公開分享決策流程或透過理財社群給予彼此建議，都有助於創造正向的消費習慣。

最重要的是，我們必須承認人不是理性機器，而是處在現實壓力、心理限制與社會設計下的動態選擇者。理性消費，不是靠一時清醒，而是靠制度設計、社會支持與持續覺察。沒人是完全理性的消費者，但我們可以是「越來越少後悔的那個人」。

## 第五節　認知失調：
## 　　　　當價值觀與行為開始脫節

### 當內在信念與外在行為發生衝突

「我重視環保」，但每天照樣使用塑膠吸管；「我相信理財要長期規劃」，卻忍不住刷卡買下當月新品。這些現象都屬於心理學上的「認知失調」：當一個人的信念與實際行為產生不一致時，會感受到心理上的不適與壓力。為了降低這種不適，我們會說

## 第五節　認知失調：當價值觀與行為開始脫節

服自己：「這只是一點小破壞，不影響大局」，或「等下個月再開始規劃就好」。而這種內在說服，反而讓我們更難修正行為，因為大腦已幫我們合理化了矛盾。

### 為什麼大腦偏好「相信自己是對的」？

認知失調會引發心理壓力，但人腦更厭惡改變信念。改變行為雖然困難，但相對容易於「推翻原來的價值觀」。因此，人們傾向修飾記憶、模糊原因、轉移焦點來「保住自己過去的判斷是對的」這個核心信念。這在財經行為中非常常見：明知一筆投資錯誤，仍持續投入資金，因為承認錯誤就等於承認自己過去眼光差，這對自尊打擊極大。

這也解釋了為何許多組織與企業，即便面對市場數據與民意壓力，仍堅持錯誤政策或行銷策略。因為一旦承認錯誤，不只是策略要改變，整套信念體系與內部邏輯也得重新調整，這會造成組織文化上的震盪，甚至挑戰領導者的權威與正當性。

### 認知失調如何影響經濟與日常選擇？

在經濟行為中，認知失調常導致人們延遲修正錯誤。例如，明知定期定額虧損，卻仍堅持「逢低加碼」，因為「我不可能看錯趨勢」這種信念讓人不敢輕易撤出；又例如，一名消費者因為社會形象壓力購買昂貴名牌包，事後明知財務吃緊卻強調「這是必要投資，值得」。這些行為看似自我欺騙，實則是大腦在維護

## 第一章　理性錯覺：你以為的邏輯，其實只是習慣

心理平衡的一種防衛機制。

資料中也提到，許多投資失敗者不是不知道風險，而是無法承認過去的自己判斷有誤。這種自我否認，會延伸出更多補救行為，如加碼攤平、轉換說法、或拒絕承認損失，進而放大損失範圍。這種連鎖反應不只發生在個人，也出現在企業決策、政府財政、甚至國際談判。

### 減緩認知失調的方法：承認矛盾並尋求調和

要突破認知失調，第一步是誠實承認「我說的與我做的不一致」。這並非否定自我，而是看見自己是多面向的人，並且有權在新證據前調整立場。實際上，那些心理穩定的人，往往不是永遠不變的人，而是能在情緒波動中覺察矛盾、重新整合的人。

具體做法包括：

- 保持記錄：把自己的價值觀與行為記錄下來，定期對照，找出落差。
- 接納修正：練習說出「我過去想錯了」，這是一種心理肌力的鍛鍊。
- 社群支持：與信任的人交換觀點，有助於打破自我閉鎖的邏輯。
- 設定檢核點：對財務、關係、職涯等領域設定「回顧時間點」，讓修正變成制度。

當我們願意承認不一致，並給自己空間做調整，認知失調就不再是障礙，而是轉變的起點。現代生活中充滿衝突與多元，與其強求一致，不如學會整合矛盾，這才是真正的理性與成熟。

## 第六節　為何我們不信專家卻信直覺？

### 直覺的吸引力：快速、簡單且貼近自己

在資訊充斥的時代，我們每天要做出的判斷比過去任何時期都多。大腦為了節省資源，傾向依賴直覺系統，也就是心理學家丹尼爾‧康納曼所謂的「系統一思維」：快速、直覺、自動化。這讓我們能迅速作出反應，但也容易受限於既有信念與偏見。例如，在看到經濟專家預測房市泡沫時，我們可能第一反應是：「可是我身邊朋友最近都買房，也賺錢了」，這種來自經驗的印象比數據還有說服力，因為它更貼近生活、更具情感連結。

### 專家知識的信任危機：歷史、媒體與人性

我們之所以越來越不信專家，不完全是因為反智主義崛起，而是長年累積的不信任感。金融風暴、醫療醜聞、假新聞與企業舞弊等事件，讓人開始懷疑「權威」是否真的值得信賴。再加上媒體為了流量而放大專家之間的分歧，讓公眾對專業意見產生「誰都說得有道理」的感覺，最終選擇回到「信自己感覺」

的模式。而這個模式看似民主，其實可能更容易受到認知偏誤操控。

## 專業語言的距離與知識的反彈效應

研究發現，當專家使用過於艱澀、抽象或充滿行話的語言時，非專業者會產生疏離感與防禦性，進而懷疑其動機。這種「知識距離」加上日常生活中缺乏對專業資訊的驗證管道，使得「懂很多但講不清楚」的專家，反而輸給「講得清楚但內容淺薄」的網紅。這不是理性敗給情緒，而是說明資訊流通時，傳播效果與心理接受度的重要性。當知識無法被消化，就會產生「反彈效應」——越多知識，越懷疑知識的可信度。

## 社群與部落強化了我們的直覺偏好

數位社群的運作模式，使我們更容易接觸到與自己觀點一致的資訊，形成所謂的「迴聲室效應」（echo chamber）。當我們的直覺與同溫層一致時，就更容易強化信念而不是質疑它。而專家往往扮演「破壞你原本認知」的角色，因此在情感上會被視為「外人」、「挑戰者」甚至「菁英壓迫者」。這也是許多陰謀論為何能在資訊時代大行其道，因為它們迎合了人們對主流觀點的反感與對直覺正義的渴望。

### 如何修補直覺與專業的信任裂痕？

首先，我們必須承認直覺有其價值。它是生存本能，是快速反應的來源，但不能成為唯一判斷標準。我們應該學會在直覺浮現後，暫停一秒，問自己：「這個直覺從哪來？有數據支持嗎？有其他觀點嗎？」這樣可以讓系統二——慢思考，進入過程。

其次，專業者也需重新檢視溝通策略。好的專業不是炫耀知識，而是讓知識可理解、可對話、可實踐。當醫師願意解釋風險時、當經濟學家用生活語言說明通膨、當科學家不再高高在上，而是回應民眾疑問，信任就能逐步恢復。

最終，我們要在「自我經驗」與「外部專業」之間建立橋樑。那不是二選一，而是動態整合的過程。我們不需要全信專家，也不該全憑直覺。最好的決策，是知道何時信任直覺，何時向專業請教，並願意在兩者之間，保持反思與彈性

## 第七節　不是你不理性，　　　　　是你太習慣「省力路徑」

### 習慣優先：我們為什麼總是走最短的心理路線？

你有沒有發現，每天走進超商，你總會拿起同一個牌子的飲料？點外送，你總是點那三間？我們常以為這是「偏好」的展

第一章　理性錯覺：你以為的邏輯，其實只是習慣

現，但事實上，大腦只是選擇了認知成本最低的選項。從神經學角度來看，大腦預設節能模式會自動啟動既有經驗，並避免動用過多資源去比較。這種「省力路徑」讓我們在複雜世界中得以迅速行動，但代價是：錯過更佳選項，並長期陷入重複循環。

這樣的機制在餐飲點餐行為中特別明顯。研究顯示，許多消費者在選擇餐廳時，並不依據口味或價格做最優解，而是「走過就順路吃」、「這家上次點過不用再想」，久而久之，選擇的循環變成一種行為慣性。真正具備選擇自由的人，未必是有最多選項的人，而是有能力質疑自己慣性的人。

## 情境設計者比你更了解你自己

行為設計學指出，消費環境與選擇框架，會主導我們的行為。例如超商會把即期品擺在視線下緣，因為人們「順手撿起」的機率遠高於「主動搜尋」。再如外送平臺的熱門標籤、電商的倒數優惠倒數鐘，全都是為了喚醒你大腦中那條「不用思考直接選」的捷徑。省力不是錯，但當這種省力路徑是由商業利益設計時，你的每次消費，就不再是自由意志，而是被誘導的預設反應。

實驗心理學研究顯示，只要選單順序略作改動（例如將高價套餐往上擺），就能明顯改變顧客點餐偏好；而電商平臺的「推薦排序」，則根據使用者滑動與停留行為來調整商品曝光率，讓你在毫無察覺中完成決策。這些設計者深知，大多數人不會花

## 第七節 不是你不理性,是你太習慣「省力路徑」

力氣重設選擇條件,他們只需設好入口,大腦就會自動替你走完流程。

### 心智懶惰不代表人懶惰

人們不是不願思考,而是大腦本能就偏好低阻力決策。這在認知心理學中被稱為「認知吝嗇者效應」,意思是我們會節省思考資源,把精力集中在「看起來值得花腦力」的地方。問題是,商業設計正是利用這點,把「不值得花腦力」包裝成「你可以信賴的選擇」。例如刷卡付款的設計就是一種心理遮蔽:現金會讓你意識到錢的流失,刷卡則讓痛感延遲,大腦自然傾向後者。

此外,商業活動也習慣利用「最小阻力原則」來降低用戶離開機率。例如取消訂閱流程比訂閱流程多兩層步驟、信用卡自動續費設為預設選項,都是在利用我們不願多花力氣的心理傾向。大腦不是懶,而是進化以來就學會了「節省是安全的」這件事。

### 生活中的「自動駕駛模式」如何害了你?

多數人一天中有超過一半的行為來自無意識決策 —— 起床後如何刷牙、用哪條路上班、午餐點什麼,甚至連跟伴侶講什麼話,都是「無需再想」的自動反應。但正因為如此,錯誤也會被自動化。例如你習慣自動點大杯含糖飲料,習慣晚睡追劇,習慣在焦慮時滑購物 App,這些都是省力,但代價是健康、財務與注意力的失衡。

第一章　理性錯覺：你以為的邏輯，其實只是習慣

在專案資料中提及的消費行為調查中，許多受訪者在面對消費習慣時，會說出「我沒有想太多」、「就順手買了」、「刷下去比較快」等語句。這不是沒有能力做理性選擇，而是大腦為了減少決策壓力，選擇讓重複行為接管一切。久而久之，生活就變成一場由省力機制驅動的模式化劇場，而我們只是在裡頭自動演出。

## 打破省力路徑，你需要的是「打岔點」

要跳脫大腦預設的捷徑，關鍵不是逼自己更努力，而是設計出讓自己不得不「多想一下」的機制。例如：在手機首頁移除購物 App，讓你點進去前必須再滑三層；將鬧鐘改為「起床＋寫下今天要省下的一筆開銷」；或是在每次消費前問自己：「我是不是只是因為熟悉，才這麼做？」——這些都是打岔點，讓你從自動駕駛中醒來。

另一個實用方法是建立「反常規時段」：每週固定一次用非慣用路線回家、嘗試一間沒去過的店，或問自己三個從沒問過的問題，例如「我今天重複最多次的決策是什麼？」、「我是不是總是太快按讚？」、「我願意讓演算法決定我的生活嗎？」這些小行動不會立即改變決策結構，卻能逐漸擴大意識空間。

真正的自主思考，不是高深理性，而是有能力打破慣性、給自己選擇權的瞬間。當你看到自己其實只是「走慣的路比較好走」，你才有機會找到更好的路。

## 第八節　情緒綁架思維：
## 　　　　恐懼與焦慮如何影響經濟判斷

### 恐懼是最會賣東西的情緒

在商業世界裡，沒有什麼比恐懼更能促成消費。當媒體強調「股災來臨」、「經濟崩潰在即」或「再不保就來不及」，大腦中的杏仁核就會被迅速啟動，使我們產生逃避性行動。這種來自生存本能的反應，在現代社會被廣泛運用於廣告與推銷中：保險廣告強調災難發生後的後果、健身業者播放疾病風險數據、甚至投資平臺也打出「錯過機會後悔終生」的文案。這些行銷語言並非純粹資訊傳遞，而是有意圖激起焦慮，使我們無法冷靜思考後果。

### 焦慮讓我們過度補償，反而做出錯誤選擇

焦慮不同於恐懼，它不是對具體威脅的反應，而是面對模糊風險時的心理拉扯。研究發現，人在焦慮時，更容易做出過度反應。例如擔心經濟衰退時，過度囤積糧食與衛生紙；擔心錯過機會時，盲目投資高風險標的；或為了避免失敗感，提前放棄尚未展開的挑戰。這些看似保守的行為，其實來自「過度保護」心理，也就是當我們面對未知時，傾向使用過去的失敗經驗過度套用於未來，結果導致過早撤退或過度投入。

第一章　理性錯覺：你以為的邏輯，其實只是習慣

## 情緒如何扭曲市場與生活中的風險評估

經濟學中的理性預期假設認為，人們在做出選擇時會客觀評估利弊。但現實是，當我們身處焦慮情境中，大腦優先處理的是情緒反應，而非邏輯推理。像是股市大跌時的恐慌性賣出、疫情期間搶購潮、或職場變動前的集體焦躁，都是這種扭曲風險評估的實例。

資料中顯示，多數人在面對市場波動時，並非依據資產配置或長期規劃調整部位，而是被「怕輸、怕錯、怕被笑」的情緒主導。這種情緒驅動的行為不只發生在個人，也在組織決策中頻繁上演，例如企業為了避免損失名聲而過度擴張、政府為了避免政治風險而過早推出倉促政策。

## 焦慮社會如何加劇情緒反應？

社群媒體的出現讓焦慮成為可傳染的情緒。當一個話題快速引爆情緒（例如「全面升息」或「某品牌倒閉」），使用者透過按讚、轉發與留言參與其中，不只是傳播內容，而是共同強化情緒。心理學稱這為「情緒共鳴」，一種群體層級的心理感染效應。這也說明為何許多投資決策、消費行為或政治立場，在短時間內會出現劇烈搖擺，因為人們的判斷並非獨立進行，而是在情緒場域中同步操作。

## 第八節　情緒綁架思維：恐懼與焦慮如何影響經濟判斷

### 如何不讓情緒綁架你對風險的判斷？

第一步是「認出情緒」：焦慮與恐懼的來臨，往往會讓人無法自覺地套用災難性思考模式。當你發現自己開始出現「我是不是要趕快……」、「萬一就完了」的語言時，應立即暫停決策行動，轉為書寫、對話或移動，將身體從情緒反應模式中轉出。

第二步是建立「情緒緩衝帶」：設定冷卻期、延遲購買、將決策拆分為兩段完成，都是降低情緒主導力的方式。例如在面對升息消息時，與其立即調整投資組合，不如先分析三個不同情境下的資產配置影響，並向可信任的對象討論。

第三步則是訓練「替代性敘事」能力：面對負面事件時，嘗試以其他角度重構。例如「市場震盪代表重新進場的機會」、「消費縮手讓我看清哪些支出真正必要」。當我們能為情緒提供替代性解釋，情緒就不再主導行為，而是成為一個訊號。

最終的重點在於：我們不能消除情緒，但可以學會不讓它當司機。理性從來不等於無感情，而是能在情緒來臨時，仍保有選擇行動的自由。

## 第九節　倖存者偏差與錯誤歸因：你看到的成功，都是選過的樣本

> 為什麼我們總相信成功的故事？

我們習慣從成功故事中尋找啟示。無論是創業神話、投資致富的傳奇還是企業轉型成功的範例，這些故事背後往往只揭示了一小部分資料：那些「活下來的」，也就是所謂的「倖存者」。在認知心理學中，這種偏誤被稱為「倖存者偏差」（survivorship bias），意指我們傾向忽略失敗者，從而高估成功的機率與成功策略的可複製性。

舉例來說，我們常聽見某人靠投資賺到千萬，卻很少看到幾十萬人因此虧光積蓄；我們閱讀某企業靠社群媒體翻紅，卻沒看到九成模仿者無聲倒下。這些被忽略的「沉默樣本」，才是全貌的一部分。沒有對照組的成功分析，容易變成迷信與神話。

在行銷學的案例中，某知名自媒體平臺曾宣稱其訂閱人數短時間內突破十萬，但事後披露該平臺背後實際投資與曝光資源遠超同業，也曾歷經多次內容下架與品牌轉向。表面上的成功，是高度選擇性的呈現，若無法看見過程的失敗樣本，就很容易誤判投入與回報的實際比值。

## 第九節　倖存者偏差與錯誤歸因：你看到的成功，都是選過的樣本

### 錯誤歸因：將運氣誤認為實力的代價

除了忽略失敗者，我們還常犯下另一錯誤：錯誤歸因。人們傾向將成功歸因於個人能力，將失敗歸因於外部環境。這種歸因偏誤使得成功者高估自己的判斷與眼光，而旁觀者也傾向模仿他們的行為，而非檢視背景與運氣的影響。

以財經市場為例，一名投資人若因買入某支股票而獲利，可能歸因於自己的敏銳洞察力，而非市場的隨機波動；而若虧損，則歸咎於政策干預或平臺限制。長此以往，投資者容易養成一種「只信自己成功經驗」的思考模式，拒絕檢討風險與偶然性，導致日後更大的決策錯誤。

在創業圈亦常見此現象。許多創業家在成功之後，回溯的故事往往強調「毅力、眼光與堅持」，卻很少談到初期遇到的資金援助、家庭背景或創投關係網絡如何提供關鍵支持。這些因素不見得能被複製，卻常被當成成功方程式中的普遍成分。

### 為什麼媒體與行銷喜歡倖存者？

商業行銷與媒體報導偏好渲染成功案例，因為這能激發模仿欲望與希望感。從「0元創業到身價上億」的故事，到「他如何28歲就財富自由」的新聞標題，這些敘事結構強調「你也可以」，卻鮮少提及「大部分人其實做不到」的現實。

這不只是選材偏誤，也是一種結構性失真。當平臺、講座、

課程或顧問推銷其成功方法時，會自然隱藏背後的樣本基礎、條件差異與時代紅利。學習這些案例若無批判思維，反而讓我們對現實抱持過高期望，並因為未能複製他人的成功而懷疑自己、責怪環境，形成不必要的挫敗感。

值得注意的是，在許多財經講座中，講者往往強調「只要照這幾步做，你也能成功」，但實際上能做到這些步驟的人，不僅需要時間、資源、語言能力、社交網絡，甚至還需要所處時機剛好吻合。這些條件一旦改變，過去的經驗就難以複製。

## 怎麼避免掉入「看見的假象」？

要破解倖存者偏差，關鍵是補足看不見的樣本。首先，在閱讀成功故事時要反問：「這個方法有多少人試過？失敗的比例有多少？條件與我是否相符？」其次是建立「對照習慣」：主動尋找同類型失敗案例，並分析其關鍵原因。

第三，要培養「結構化歸因」的能力。每當做出重要決策後，不只記錄結果，更要寫下當下的思考依據、可控與不可控因素，日後對照檢驗。這樣才能避免將運氣誤認為實力，將暫時的成功誤解為通用規則。

第四是反思社會文化中對成功的過度讚美。當整個社會只看重贏家，忽略嘗試與學習本身的價值時，就容易塑造出一種只有結果導向的世界觀，讓人不敢嘗試、不敢失敗、也不敢老實說出「我做不到」。這樣的社會環境，對個體發展是極大的抑制。

最後，我們必須承認：成功永遠是罕見事件。與其追逐倖存者的步伐，不如建立能容錯、能學習、能調整的決策系統。真正的智慧不是模仿成功，而是理解成功如何被挑選出來的，並選擇一條屬於自己的現實路徑。

## 第十節　所有行為都是「不正常」的常態：你不是例外，而是規則的一部分

### 每個人都違反常理，只是方式不同

我們太容易把「別人奇怪的行為」標示為例外，卻忘了自己也時常犯下邏輯與理性的錯誤。經濟行為學者赫斯特指出，幾乎每一種常見的人類行為都違反標準經濟學的理性人模型，包括衝動購買、重複錯誤決策、對風險的過度反應，乃至於不計後果的樂觀。換句話說，「異常行為」其實不是例外，而是整體規律的一部分。

行為經濟學家丹・艾瑞利（Dan Ariely）在研究中發現，人在面對折扣、限時、比較、忠誠計畫與贈品時，幾乎毫無抵抗能力，即便知道對自己不利，也會自願跳入陷阱。這不是因為人愚蠢，而是因為我們本能上傾向於做出「社會接受的錯誤」——大家都在做，所以我也這麼做。

現代消費社會更強化這種現象，從廣告行銷到推薦演算

法,都不斷刺激我們以非理性方式作出判斷。例如:一項針對臺灣 25～45 歲消費者的調查顯示,超過八成民眾承認曾因「限量」、「期間限定」等詞語產生不必要的消費行為,而其中近六成表示「當下覺得沒差,但事後後悔」。這類反應並非個別錯誤,而是被制度與環境共同形塑的常態行為。

## 正常,是被統計選出來的「平均錯誤」

在統計學中,「正常值」是基於群體平均與標準差而來的概念。但這並不代表個體本身必須符合這種「平均」。當消費者面對房價上升、股市波動或通膨時的反應,都可能與理性模型預測不同 —— 你選擇不投資,不是因為你懶,而是因為你不想面對焦慮;你不儲蓄,不是因為無知,而是你更想享受當下。這些都不在標準模型內,卻是最普遍的選擇行為。

實證研究指出,當外在環境處於高不確定狀態下,多數人的行為傾向「短期最大安慰原則」,例如寧願花錢買咖啡慰勞自己,也不願長期儲蓄。這些看似「反理性」的行為,其實是壓力下的調適策略,是心理層面試圖平衡焦慮與控制感的產物。

甚至可以說,所有的行為偏誤與非理性,都是人類在現代經濟環境中所進行的「自我調適」。我們並非邏輯錯亂,而是以最省力的方式維持心理平衡。例如:在面對職涯焦慮時大量購物,其實是一種心理補償行為;又如疫情期間囤積物資,則是缺乏掌控感下的應對。

## 第十節　所有行為都是「不正常」的常態：你不是例外，而是規則的一部分

### 「不正常」正是生存機制的延伸

從演化心理學觀點來看，許多看似「非理性」的選擇，其實有其生存價值。對損失的過度反應能保護資源、重視即時滿足能提高短期生存率、情緒反應能快速動員行動——這些機制在原始社會中幫助人類逃避危險、生育後代。而現代社會雖然已不同，這些舊機制卻依然嵌入我們的大腦中。

這也說明為什麼我們難以靠「理性說服」自己改變。人們明知賭博機率低，仍願意一試；知道報名費不合理，卻還是參加抽獎；意識到保險重複，但無法割捨安心感。這些選擇背後，不是知識的缺乏，而是演化留下的心理迴路尚未更新。

從跨文化研究來看，各地對「理性」的定義亦有差異。以亞洲社會為例，集體主義文化下強調和諧與群體期待，常導致個人做出符合社會標準卻不利自身利益的決策。在這樣的框架中，「順從常理」其實是「避開衝突」的延伸，並非理性推演的結果。

### 擁抱常態中的不完美：個體化理性的新出路

與其否認自己「異常」，不如承認這是人的本質。我們不是無法理性，而是理性總夾帶著情緒、經驗、恐懼、文化與期待。理性不該是沒有感情的計算，而是知道自己可能犯錯、願意修正與學習的能力。真正成熟的經濟行為，是知道自己不完美，卻願意持續調整決策系統。

## 第一章　理性錯覺：你以為的邏輯，其實只是習慣

　　心理學家提出的「適應性理性」概念提醒我們，真正有效的理性，不是絕對一致，而是根據環境不斷調整反應方式。你可以在購物衝動來臨時設下冷卻機制、在錯誤投資後建立反省日誌、在與人爭執後回頭檢視自己的語言與態度。這些行動都是理性的表現──即使它們起初來自情緒或衝動。

　　最終，當我們理解所有人都是「不理性」的常態，我們也就能放下自責、停止崇拜「完美決策者」，轉而打造屬於自己的判斷原則。這不只是對抗偏誤，更是一種生活哲學：我們每個人都在錯誤中前行，差別只在於誰更願意在過程中成為更有意識的選擇者。

# 第二章
## 價值錯置：
## 錢的感覺為何不來自錢？

第二章　價值錯置：錢的感覺為何不來自錢？

## ▎第一節　金錢的意義從來不是數字

> 錢不是錢，是象徵與情緒的容器

我們以為錢是中性的、理性的、可精算的，但實際上，金錢在我們心中所代表的從來不只是數字。對某些人來說，一千元可能是一次小確幸；對另一些人來說，則是難以承受的花費壓力。心理學家指出，金錢同時承載著人對安全感、控制權、自我價值、愛與焦慮的多重投射。這些象徵意涵，會深刻影響我們的消費、儲蓄與分享行為。

> 錢被誰給、如何得來，會改變它的「味道」

研究指出，金錢的來源與賦予方式，會改變我們對其意義的解讀。例如：來自父母給予的壓歲錢，讓人產生「應該留著」的心理帳戶；而自己努力加班賺來的獎金，則更傾向拿去犒賞自己。甚至，同樣是收到一萬元，若是來自賠償或被動獲得，心理上往往會出現「非自願」的情緒雜質，使我們更快花掉它，彷彿要把那筆「不屬於我」的錢清除。

在某理財顧問公司調查中，發現年輕族群對「賺到的錢」與「送來的錢」的用途劃分顯著不同，後者更常用於娛樂與快速消費，前者則多用於儲蓄或投資。這顯示了金錢不只是數額，

## 第一節　金錢的意義從來不是數字

而是一種帶有故事與感受的物件，我們的行為因此偏離理性邏輯，也開始展開價值錯置的旅程。

### 同樣的錢，在不同時間與情境中，價值會變

心理學中的「時間折現」理論指出，人在面對現在與未來的金錢選擇時，會不成比例地高估眼前的金額價值。例如：今天拿到五百元，比一個月後拿到一千元更具吸引力，即便後者是理性上更好的選擇。這種現象在薪資談判、貸款方案、購物決策中無處不在。

另一方面，人在情緒強烈時，對金錢的認知也會劇烈改變。憤怒時容易做出報復性消費、焦慮時傾向保守儲蓄、愉悅時則更大膽地開支。這些情緒性價值偏移，使得「錢」成為一種變形鏡，它映照的從來不是自身價值，而是我們在當下的心理狀態。

### 錢是「誰的」比「多少」更重要

我們經常觀察到，個體對同樣金額的錢，在不同情境下行為差異極大。當錢被視為「家人共有」時，開支決策就會變得保守而具共識；若被視為「自己努力爭取來的」，則更容易出現掌控與獨斷的消費傾向。

此外，「錢的社會語境」也改變了我們的使用態度。在許多文化中，男性傾向將金錢作為競爭與地位的象徵，女性則更傾

## 第二章　價值錯置：錢的感覺為何不來自錢？

向將其視為穩定與關係的媒介。這些潛在語境影響，不僅改變我們的花費模式，也使「金錢」變成了價值觀、角色認同與情感投射的交會點。

### 開始察覺錢背後的心理故事

要真正理解金錢對我們的影響，首要之務是回到自身經驗：錢在你的家庭裡曾經代表什麼？你最有印象的一次用錢經驗是什麼？你是否對某些特定金額特別敏感？當我們能夠抽離數字，開始傾聽自己對錢的情緒反應與潛臺詞時，才有機會不再讓錢操控我們的行為，轉而讓它成為反映價值與自我意識的工具。

金錢的意義從來不是數字，而是我們對安全、掌控、自由與愛的理解與選擇。真正的價值認知，不是從銀行存款看出來，而是從我們如何「使用」這些數字，看出自己的人生排序。

## 第二節　情感消費：
## 　　　　你不是在買東西，你是在找感覺

### 物品只是媒介，感覺才是目的地

在每一次的消費行為背後，其實都藏著一個情感需求。當你買下一雙昂貴球鞋，你真正買的也許不是鞋子本身，而是與

## 第二節　情感消費：你不是在買東西，你是在找感覺

某個偶像的連結感；當你選擇在高壓後大吃一頓，其實買的是一份慰藉。情感消費（emotional spending）並不罕見，而是消費經濟的根基。商品本身只是媒介，消費者真正尋求的是心理上的釋放、認同、自尊或逃避。

這種心理機制尤其在壓力升高的時代格外明顯。根據一項針對臺灣 25～40 歲族群的問卷調查，高達七成的人表示曾有「因為心情不好而花錢過度」的經驗；其中又以網購與美食外送最為常見。這說明情感消費已不再是偶發性失控，而是被日常化、平臺化、演算法化的心埋輸出方式。

### 廣告不是在說產品，是在喚醒你缺什麼

行銷專家早就知道，打動人心的廣告，從不強調產品功能，而是描繪「你成為怎樣的人」。無論是健身產品強調「做自己更好的樣子」，或保養品賣的是「你值得被愛」，其本質都在說服你：你現在的狀態還不夠好，而這筆花費能彌補這個落差。這類訊息並非事實陳述，而是一種情緒提問：「你夠好了嗎？你夠被愛嗎？你不會被落下嗎？」

當這些問題在潛意識中激起焦慮時，我們就開始以消費作為回應。行為經濟學家指出，消費者在情緒不穩時，特別容易被「立即滿足型」的產品打動，因為它們能快速提供一種感覺──哪怕那只是一種暫時的錯覺。

第二章　價值錯置：錢的感覺為何不來自錢？

## 用花錢定義自己，是一種社會劇場

人不只是在消費，也是在透過消費建構一個「被看見的自己」。你在社群媒體上 po 出的餐廳、穿搭、旅遊，都是對外投射的自我敘事。消費不再只是私領域選擇，而是一種社會語言，用來爭取認同、階級歸屬與文化位階。

這種情感消費的社會層面，讓人們在行為上變得更脆弱。因為當消費被連結到自我認同時，拒絕某種消費就等同於否定某種身分──不買某品牌就不是潮人、不上某餐廳就不夠有生活品味。於是，我們不是在買東西，而是在購買一種可以對自己與他人解釋的形象。

## 感覺比功能重要，選擇成為情緒儀式

在情感消費中，選擇商品的標準往往偏離功能性，而轉向儀式性。消費者會為了「慶祝週末」而花大錢吃飯、為了「壓力太大」買設計精品，或在生日當天非得買一樣自己根本不需要的東西。這些選擇背後的動力，不是邏輯計算，而是一種心理節奏的維持。

許多企業早已懂得這一點。他們不再強調「產品解決什麼問題」，而是塑造一種「這是你值得擁有的情境」。像 Netflix、星巴克或誠品生活，都試圖將品牌本身轉化為一種情緒儀式，讓消費者在反覆使用中產生心理上的定錨作用：今天很累？走進熟

悉的門市；情緒低落？打開固定的節目。這種重複不僅安慰，更強化了對品牌的情感依附。

### 從情緒覺察開始，才能重建消費的主控權

要擺脫被情緒牽動的消費，第一步不是戒掉購物，而是察覺自己「想買東西」背後的感受。當你準備按下結帳前，問自己：「我現在是在處理什麼情緒？這個商品真的有解決問題，還是只是暫時讓我感覺好一點？」

建立這樣的自我提問機制，不是要讓你變得苛刻或無趣，而是讓你逐步辨識出「什麼是對我有意義的消費」。情感消費無可厚非，但若能從欲望反應轉向感受回應，我們就能在無聲的滑動與刷卡中，找回選擇的能力，讓每一次消費不只是填補空虛，而是強化自我理解的練習。

## 第三節　便宜有錯嗎？
## ——價格與價值感的解離

### 當「划算」變成唯一標準時

在折扣、促銷、買一送一的時代，「便宜」成了許多消費者行為的核心驅動力。我們對價格的敏感早已超過對產品功能的

## 第二章　價值錯置：錢的感覺為何不來自錢？

理性衡量。根據臺灣消費者行為調查，超過六成受訪者表示在購買某些商品時「看到特價就忍不住買」，其中近半數事後承認「其實沒那麼需要」。這種反應背後並非貪婪，而是對價格與價值之間錯亂連結的心理投射。

便宜代表什麼？表面上它是花費較低，實際上它也滿足了一種「我有賺到」的心理感受。在心理帳戶中，「花得少」會自動歸入「成功選擇」，即便這項選擇最終並沒有真正改善生活、提升品質或創造意義。

## 價格低，不代表價值高

人類行為中一個根深蒂固的偏誤，是把「價格」當成「價值」的代名詞。然而，實際上這兩者經常背道而馳。你買了便宜的衣服，穿兩次就壞掉；你選擇低價耳機，結果耳朵痛三天；你報名折扣課程，最後卻沒學進任何東西。這些例子說明：我們在試圖省錢的過程中，常不自覺地浪費更多的時間、精力與真正的資源。

行為經濟學家理查・塞勒（Richard Thaler）曾指出，人們容易高估「立即價格」帶來的好處，卻低估「長期價值」的隱性成本。當消費者將所有決策壓縮在價格優勢的比較中，就會遺漏對使用情境、耐久性、品牌信任甚至心理感受的全面評估。

## 第三節　便宜有錯嗎？—價格與價值感的解離

### 為何「便宜」反而讓你付出更多？

便宜商品之所以吸引，是因為它刺激了我們內在的「獵捕成功感」。但這種快感常會讓我們陷入過度消費的陷阱。想想你是否曾因為某次大特賣買了三件原本不打算購買的衣服、在超市因為「第二件五折」而多拿了幾樣用不到的零食？這些行為並非出於需求，而是來自對價格機會的錯估與損失厭惡的激發——「不買就虧了」。

更值得注意的是，當「省錢」變成習慣，我們會逐漸失去對「值得花錢」的敏感度。久而久之，連真正能帶來價值的支出——如健康檢查、專業學習、心理諮詢——都會被無意識地排除，因為它們「沒有折扣」。這是價值錯置的極端表現，也是許多人無法突破財務與生活瓶頸的關鍵原因。

### 感覺便宜，才是最大的成本盲區

許多行銷操作的關鍵策略，不在於降低真正價格，而是在於創造「感覺便宜」。折扣訊號、參考價格、虛構的原價、時間壓力、數量稀缺、紅色價格字體，這些都是讓人感覺「現在買最划算」的心理操控技術。實際上，這些定價設計常常只是微幅讓利或毫無實際改變，但卻讓消費者產生強烈的購買動機。

一項行銷實驗指出，當一件商品原價顯示為 NT$500，現價 NT$399 時，比單獨標價 NT$399 更能提高購買率超過 25%。這

## 第二章　價值錯置：錢的感覺為何不來自錢？

正是「定錨效應」與「參照價格」造成的心理幻覺。當你以為自己撿到便宜時，其實只是陷入了情境設計師畫出的邏輯陷阱。

### 如何走出價格幻象，回到真實價值？

理解價格與價值的差異，是建立健康消費觀的第一步。當你面對特價商品，問問自己：「我真的需要這個嗎？它會改善我生活什麼部分？如果它不是打折，我會考慮買嗎？」這些問題能幫助我們抽離「便宜」的情緒吸引，回到真正的需求與價值判斷。

第二步是練習「價值導向式花費」：為自己設定幾項值得花錢的核心項目，並允許在這些領域適度投入。這些項目可能是健康、成長、人際、工作效率、情緒調節等。當你願意為真正重要的東西付出時，你也就不會再為了「什麼都想省」而陷入低價消耗的漩渦。

價值不是標籤上的數字，而是你為什麼做出這個選擇的理由。真正有意義的消費，應該來自清醒，而不是被便宜驅動的反射動作。

## 第四節　「值得」到底是誰說了算？

### 當「值得」變成個人信仰

「這樣值得嗎？」這句話乍聽之下理性，但實際上它蘊含著極大的主觀性與心理暗示。我們對於「值得」的判斷，往往不是基於客觀效益，而是反映了內在價值排序、情感投射與社會期待的綜合反應。例如：同樣是花一千元，有人願意用來買一杯限量精品咖啡，有人則會認為那是揮霍。這些差異不是理性上的衝突，而是「價值定義權」的不同所在。

心理學研究指出，「值得」判斷背後常伴隨「自我認同投射」與「社會角色期待」。一名母親認為花錢買育兒書很值得，因為這符合她對好母親的角色期待；一位年輕男性認為買遊戲主機值得，因為那是放鬆與成就的象徵。這些選擇看似理性衡量，實際上都是自我形象的一部分延伸。

### 價值觀被誰形塑？

從小到大，我們如何定義「什麼值得投資」並非自主養成，而是由家庭文化、教育制度、社會價值與媒體訊息共同構築。例如：長期以來的理財教育偏重「省錢存錢才是美德」，導致許多人在成人後即便擁有財務能力，依然不敢投資自己。對某些世代來說，把錢花在娛樂、旅行或心理健康上，是一種罪惡感

第二章　價值錯置：錢的感覺為何不來自錢？

的來源，因為這些被歸類為「不必要的支出」。

社群平臺的出現則讓「值得」這件事變得更浮動。當你看見朋友打卡高級餐廳、分享昂貴家電、炫耀購物成果，心中會不自覺地浮現：「我是不是應該也⋯⋯？」這時候，你不是在判斷是否需要，而是在試圖維持某種被認可的價值感。

## 社會比較如何侵蝕你對「值得」的判準？

社會心理學家費斯廷格（Leon Festinger）提出「社會比較理論」，指出人類傾向透過與他人比較來定位自身價值。而在消費領域，這種比較轉化為「我值得這樣的生活嗎？」的自我評價。於是，「值得」不再是內在判斷，而是外在期待的回音。

當我們不斷以「別人怎麼花」來推估「我該怎麼花」，便會逐漸失去對自身價值感的敏感度。你可能花了不屬於你的人設的錢，只為了進入某個圈層；或者你可能壓抑了某些真正重要的支出，只因它看起來不夠「光鮮」。這種價值錯置，最終會讓你對金錢的運用失去信任感與掌控感。

## 找回屬於自己的「值得地圖」

要重新建立「值得」的標準，首先要釐清：你目前的價值觀，哪些是來自真實需求？哪些是為了滿足他人眼光？哪些是文化或過往經驗強加的公式？這樣的自我提問不是批判過去，而是

開始對未來的消費做出更貼近自我認同的安排。

其次,是設立「情境式價值錨定」。也就是,為每一種生活場景設下明確的價值優先排序——對某些人而言,學習與人際是重點,對另一些人則是安全與舒適。當這些排序清楚,便能在眾多消費誘惑中,快速辨識出哪些花費真的有意義。

最後,要練習從「花錢換來什麼感受」來判斷是否值得。不是問「這合不合理」,而是問「它能讓我更接近我想成為的人嗎?」真正的價值感,不在他人眼中是否認同,而在於你是否能在每一次花費後,感覺更靠近你的生活目標與心理需求。

# 第五節　感覺良好比合理重要:心理帳戶的真相

## 心理帳戶的祕密:我們怎麼把錢分心裡的「小抽屜」?

傳統經濟學假設錢是可以自由交換、毫無標籤的工具。但實際上,行為經濟學家塞勒所提出的「心理帳戶」理論指出,人們會根據錢的來源與用途,將金錢分門別類,形成彼此不互通的「心理小抽屜」。例如:一千元的中獎發票可能被歸入「犒賞帳戶」,而一千元的交通罰鍰則被歸入「損失帳戶」,即便它們在實質價值上完全相等,我們對這兩筆錢的態度與使用方式卻大不相同。

## 第二章　價值錯置：錢的感覺為何不來自錢？

### 為什麼我們更願意花「紅包錢」？

過年期間收到的紅包錢，常被視為「額外收入」，因此人們更傾向於將其用於非必要的開支，如購物、娛樂或犒賞自己。在一項理財調查中，超過七成受訪者承認「收到紅包會讓自己變得比較敢花錢」。這並非財務能力的問題，而是紅包錢被歸入了「非主力帳戶」，其心理定位不屬於日常開銷的邏輯框架，因此花用時缺乏理性約束。

這個現象不只存在於傳統節慶，也出現在退稅金、退費、刮刮樂中獎或其他意外之財的處理方式。這類「心理紅包」不只容易被快速花掉，也常被用來補償壓抑的欲望或用作情緒紓壓，導致整體資源分配效率降低。

### 合理的安排，為何比不上舒服的感覺？

研究發現，人們在面對「花錢決策」時，真正的考量往往不是效率最大化，而是情緒感受最優化。例如：一位上班族可能在購買午餐時斤斤計較 20 元的價差，但晚上卻願意花兩千元買一場演唱會門票——因為後者屬於「一次性體驗帳戶」，而前者是「日常支出帳戶」，兩者在心理系統中各自獨立。

這種心理帳戶運作方式，讓我們難以做出統整性的理財規劃，也讓許多預算制度失效。你可能設定了「一週只能花三千

## 第五節　感覺良好比合理重要：心理帳戶的真相

元」，但因為用的是「朋友聚會的預算」，就自動排除在自我設限之外。這正是心理帳戶讓人偏離財務控制的微妙陷阱。

### 當心理帳戶掩蓋了真實的需求優先順序

心理帳戶之所以深具影響力，是因為它會把金錢包裝成「情緒載體」，從而扭曲我們的價值排序。你可能花了兩萬元升級手機，卻遲遲不肯花三千元做健康檢查，因為前者被歸類為「效率與時尚帳戶」，而後者被標記為「沒必要帳戶」；你可能省吃儉用攢了旅費，卻在旅程中為了「不要破壞氣氛」一口氣花超過預算──這些行為看似隨性，其實都是心理帳戶的運作結果。

這也讓許多人在人生不同階段難以維持一致的財務方向。例如：一位年輕人可能在學生時代將所有兼職收入投入社交帳戶，一出社會後則轉而強調儲蓄與投資。這些看似轉變，實際上是心理帳戶的重組過程，而非真正的理性覺醒。

### 如何重新設計你的心理帳戶系統？

要善用心理帳戶，而非被其操控，關鍵在於「意識化」與「整合化」。首先，寫下自己心中現有的帳戶分類──你是否有「獎金帳戶」、「情緒帳戶」、「逃避帳戶」、「儲蓄帳戶」等？你如何決定某筆錢屬於哪一類？光是這個覺察過程，就能揭露許多被習慣與情緒綁架的支出模式。

第二章　價值錯置：錢的感覺為何不來自錢？

接下來是整合這些帳戶的目標，讓它們彼此合作。例如：將「犒賞帳戶」與「學習帳戶」融合，讓自己的放鬆消費同時帶來成長感；或為「應急帳戶」設下固定啟動門檻，避免日常小事就啟動高壓預算。這些設計能讓心理帳戶回到服務你的生活，而不是控制你選擇的感受。

最終，真正重要的不是每筆錢花在哪裡，而是每個決定背後的自我理解。當「感覺良好」不再只是即時情緒的反應，而是來自你有能力為自己做出一致、有意義的選擇時，心理帳戶就不再是錯誤來源，而是你生活策略的一部分。

## 第六節　為何一萬塊的獎金和一萬塊的賠償意義不同？

### 錢的價值不只來自數量，還來自它的「路徑」

我們都知道一萬元就是一萬元，沒有多也沒有少。但當它是年終獎金時，我們會充滿期待、覺得有成就感；當它是交通事故的賠償金時，我們可能伴隨著委屈、不甘與情緒負擔。相同的金額，為何意義差那麼多？

這正是「金錢情緒編碼」的典型現象。行為經濟學家塞勒（Richard Thaler）指出，金錢從來都不是中性的，而是會被「心

## 第六節　為何一萬塊的獎金和一萬塊的賠償意義不同？

理帳戶」與其來源路徑所編碼──這筆錢從哪裡來、怎麼來、花在哪裡，會塑造我們對它的感受與使用方式。

### 賺來的錢與補償的錢，用法差異巨大

一項針對臺灣上班族的行為研究顯示，多數人會將「工作獎金」歸入犒賞帳戶，而將「醫療賠償」歸入損失帳戶。前者多用於娛樂、旅行、購物；後者則較容易快速消耗掉或存起來「不去想它」。背後邏輯不是理性差異，而是情緒分類──獎金象徵努力有回報，帶來光榮感；賠償金則象徵某種遺憾，即使花在正確地方，也常伴隨愧疚與焦慮。

這也解釋了為什麼有些人即使拿到鉅額保險金，卻不願好好規劃，反而迅速揮霍掉──那是一種無法承受「不該擁有這筆錢」的心理負擔。也有人因為資遣費而陷入長期消費低潮，因為每次花錢都會提醒自己「我現在是靠被裁員過活」。

### 情緒為什麼會介入金錢的邏輯？

從認知神經科學的角度看，大腦處理金錢的區域與情緒調節、痛苦記憶等區域高度重疊。這意味著我們對金錢的反應，很難是單純的算術，而往往會夾雜恐懼、悲傷、興奮、羞愧等情緒因子。

在臨床心理案例中，經常出現「不敢動賠償金」的心理困

第二章　價值錯置：錢的感覺為何不來自錢？

境。有一位罹難者家屬在獲得國賠後，長達數年不願動用其中一分錢，因為「一旦花掉，就像親人真的離開了」。這些案例說明，金錢的感知經常附帶創傷記憶與倫理議題，其價值不能用帳面來衡量。

## 當社會結構也影響金錢的意義

除了個人經驗，社會制度與文化也會賦予金錢不同層次的情感色彩。在臺灣，獎金通常與績效連動，因此被視為正向表現的象徵，使用上也偏向慶祝與享樂。但賠償金、補助款、津貼等，則常被制度設定為「最低限度的補償」，帶有一種隱含羞辱感。

這種制度性的金錢語境，會進一步塑造我們對不同收入來源的認同感與使用方式。例如：一位申請低收入補助的家庭可能會避免在社區消費，因為害怕被貼標籤；相反地，發獎金的受薪者則會高調聚餐或添購用品，因為那是值得驕傲的證明。

## 怎麼讓所有錢都能為你所用，而不是反噬你？

理解「錢的路徑會改變它的心理重量」之後，下一步就是解碼這些感受，讓我們可以有意識地接住每一筆錢，無論它來自什麼樣的情境。

首先，寫下你對每一筆非日常金流的內在感覺──你對某筆退稅、賠償、獎金或繼承金有什麼未曾說出的情緒？是罪惡

感、失落、補償、自由,還是壓力?光是辨認這些感受,就有助於打破情緒與資源綁在一起的迴路。

再來,透過「用途再定義」來重組情感連結。比方說,將某筆賠償金的一部分捐贈給公益組織,不是為了贖罪,而是轉化傷痛;或者用退稅買一堂課程,象徵讓「意外之財」為你帶來成長意義。這些重新定義,有助於你成為金錢的主人,而不是受困於它的歷史。

真正的理財,不只是把錢分配給正確用途,更是學會與「來路不同的錢」建立清醒關係。當我們能將一萬元視為工具而非情緒遺產,它才能真正成為推進人生的資源。

## 第七節　金錢焦慮:不夠花的感覺從哪來?

### 永遠不夠的錢,其實是心理的飢餓感

在許多現代人的日常語言中,「錢不夠用」成了一句再平常不過的抱怨。無論薪資是三萬、五萬,甚至十萬,這種「不夠的感覺」始終揮之不去。是生活開銷真的這麼沉重?還是我們的內心深處早已習慣焦慮模式?心理學家亞伯拉罕·馬斯洛曾指出,人類的基本安全感來自對未來的掌控,而金錢,正是這種掌控感的外在象徵。當我們內在缺乏安全基礎時,哪怕帳面有餘,也會感到「還不夠」。

## 第二章　價值錯置：錢的感覺為何不來自錢？

### 焦慮從小累積，而非財務狀況決定

許多成年人對金錢的焦慮根源並非當前的收入，而是成長背景中對「缺乏」的深層記憶。像是小時候常聽到「家裡沒錢」、「你怎麼那麼浪費」這類語言，會在潛意識中建立「金錢＝焦慮」的連結。

這類早期經驗形成了後來的消費與儲蓄行為。有些人即使收入穩定，仍不敢花錢，總覺得「這筆錢以後會需要」；另一些人則會過度購物，透過花錢來掩蓋無形的不安。這不是財務管理的問題，而是金錢焦慮的行為表現。

### 當社會比較放大了你的匱乏感

社群媒體與廣告環境也不斷加劇我們對金錢的焦慮。當你每天看到別人出國旅行、開箱精品、住豪宅，你便容易將「我沒有」誤認為「我不夠」。這是一種典型的「相對匱乏感」現象，也被稱為「比較性剝奪感」。在這種機制下，原本可以滿足的生活，瞬間變得壓迫。

研究顯示，當人處於「被比較」的情境時，即使收入沒有實質下降，焦慮指數也會顯著升高。這種情緒會轉化成衝動消費、過度儲蓄、冒進投資，或乾脆放棄理財規劃。換句話說，焦慮不只讓你不敢花錢，也讓你無法聰明地使用錢。

第七節　金錢焦慮：不夠花的感覺從哪來？

## 焦慮讓你高估未來風險，低估當下價值

一項心理實驗顯示，金錢焦慮會讓個體在做出財務決策時出現「風險放大效應」，也就是對可能發生的損失反應過度，而對潛在的獲益則顯得遲鈍。這種不對稱反應，會讓人在理財上陷入極端保守或盲目樂觀的兩難。

更嚴重的是，焦慮會讓我們對當下的生活失去體驗感。你可能不敢和朋友聚餐，因為怕超支；不敢報名學習課程，因為「現在不該花這筆錢」。但這些回避行為，最終讓生活質感下滑，進一步強化「我什麼都不能做」的無力感，形成一種惡性循環。

## 對抗金錢焦慮的三個思維重整法

要走出金錢焦慮，第一步是停止用數字判斷安全感。安全感是內部狀態，不是帳戶餘額。你需要問自己：「我對未來的哪一塊感到不確定？」、「我是不是把錢當成唯一的安全來源？」這些問題能幫助你辨識焦慮的真正來源。

第二步，是建立「可控感」。你可以用簡單方式強化金錢可預期性——像是設定週期性儲蓄、自動化記帳、拆解目標儲蓄金額等。這些具體行動會讓你產生掌控感，而非被金錢牽著走。

最後，培養「金錢以外的價值錨」。焦慮之所以失控，是因為所有價值都綁在金錢上。你是否曾為幫助他人感到富足？是否因為學會新技能而覺得有價值？當你能從人際、貢獻、學

習、創造中獲得穩定的正向感受時，金錢焦慮自然會慢慢鬆動。

不夠花的感覺，很多時候不是你真的沒錢，而是你還沒找回對「生活值得感」的主導權。

## 第八節 「理財」其實是一種價值修辭

### 理財，不只是數字計算，更是信念與敘事的延伸

在大多數人的印象中，「理財」是關於投資報酬率、資產配置與預算表的技術性行為。然而，心理學與語言學的觀察發現，我們對理財的想像，其實深受個人價值觀、社會話語與文化預設的影響。所謂的「理財」往往是一種價值修辭——一種經由語言強化、再現與自我說服的過程。當你說「我要開始理財」，背後其實不是單純的財務操作，而是某種對自我認同的重新定義。

### 為什麼「理財」常常變成自我審判？

臺灣一項針對 25～45 歲族群的訪談調查顯示，超過七成受訪者在談到「理財」時帶有自責、焦慮或羞愧的情緒。常見的語句包括：「我都沒存到錢，真的很失敗」、「我是不是很不會理財」等。這些語言，其實透露了理財與自我價值的高度綁定。在

## 第八節 「理財」其實是一種價值修辭

這種語境下,「理財」不再是選項,而是責任與義務,甚至成為衡量「成熟」、「負責」、「成功」的道德座標。

這種語言強度會造成行動上的雙重壓力:一方面怕錯失機會,另一方面又害怕嘗試錯誤。結果是許多人既想「理好財」,卻又遲遲不敢開始,陷入資訊收集過多、行動遲滯的矛盾。

### 媒體如何把「理財」塑造成道德敘事?

觀察理財廣告、金融節目與投資網紅的用語可以發現,許多語句其實不斷在灌輸一種價值導向——「你今天不理財,明天理你」、「成功的人都在做的五件理財習慣」、「聰明父母必學的理財技巧」。這些話語其實不是中性建議,而是一種道德勸說。

當我們被這類語言包圍久了,理財就從原本的工具,變成了自我價值的檢查器。你花錢太快,就是不成熟;你沒有存錢,就是不負責;你錯過機會,就是不夠上進。這種語言建構出的「理財敘事」其實不斷在複製社會階級差異與文化偏見,使得理財從個人選擇,變成社會認同的審核系統。

### 誰說「理財」只能有一種樣子?

我們應該開始拆解「理財」的單一敘事,容許它成為多元生命階段的實踐方式。有些人理財是為了財富自由,有些人則是

第二章　價值錯置：錢的感覺為何不來自錢？

為了照顧家人；有人偏好被動投資，有人則選擇穩健儲蓄；有些人花在旅遊，有些人投資在社交。這些選擇背後，其實都是一種價值排序，而非對錯高低。

心理學家布朗（Brené Brown）曾強調「脆弱即力量」的概念。在理財語境中，這代表我們應該允許自己承認金錢焦慮、表達選擇困難、接受自己不是理財天才的現實。當我們能這樣說話時，理財才會從焦慮來源轉化為自我理解與價值實踐的工具。

## 重新定義「理財」：以價值為核心的經濟行動

真正的理財，不是讓你變成別人期待的樣子，而是讓你活得更貼近自己。與其追求完美理財模型，不如嘗試建立「價值導向型理財策略」：先問自己人生中最重要的三個價值是什麼？安全、成長、自由、貢獻、陪伴、學習……然後再以此為軸心設計金流與資源分配。

當理財不再是被迫模仿，而是反映個人價值排序的過程，它就會變得柔軟、彈性，並真正對生活有用。你可能不會成為投資專家，但你會成為一個用錢支持生活目標的自我引導者。

理財，最終其實是關於：你想怎麼活？而不是別人要你怎麼做。

## 第九節　拿到錢後更空虛？反高潮效應解密

### 為什麼「領到錢」反而讓人不快樂？

我們常以為金錢等於快樂，領到獎金、收到紅包、贏得彩券應該帶來滿足與喜悅，但現實卻常出現一種奇怪的落差感：錢一到手，反而感到空虛與失落。這種心理反應被稱為「反高潮效應」（post-achievement dip），亦即當目標達成後，原本預期的情緒高潮無法維持，甚至出現心理低谷。

這背後的心理機制，來自人類對「預期快樂」的過度理想化。神經經濟學家保羅．葛萊姆徹（Paul Glimcher）曾指出，大腦對「快樂的想像」通常高於實際經驗，當獎賞真正降臨，神經反應迅速回落，導致體驗反而低於預期。這就是為什麼購物後容易懊悔、升官後陷入空虛、年終獎金一花完就後悔——因為我們在追求「達成」的過程中，其實是為了「期待」本身。

### 錢只是承載想像的容器，實現後反而破滅

反高潮效應特別常見於長時間等待的金錢目標——存到一筆錢、還完貸款、終於升職、接到高額業務獎金等。當目標完成，期待已久的「新生活」卻沒有如預期發生，這種心理落差會導致認知錯亂與情緒空洞。

心理學家丹尼爾．康納曼（Daniel Kahneman）指出，人們對

## 第二章　價值錯置：錢的感覺為何不來自錢？

「記憶的自我」重於「當下的自我」，也就是我們更重視完成目標的記憶，而不是實際體驗。例如，你可能辛苦一年為了年終獎金拚命加班，但當錢入帳時，快感只是短暫一秒，取而代之的是「那就這樣了？」的疑問。

### 情緒投射導致「金錢失真」

很多人在金錢目標上，實際追求的是一種情緒補償：希望錢能帶來價值感、控制感、安全感、自我肯定。然而當金錢無法立即轉化為這些內在需求時，就會出現失望。換句話說，並不是錢讓人失落，而是我們對錢能帶來的幸福，預設得太豐滿。

心理治療中常見一類個案：自以為「只要年薪突破百萬就能快樂」，但真正達成後卻陷入更深焦慮。因為錢的數字改變了，人生的不確定卻未因此消失。這類情況在高壓行業（如金融、科技、法律）尤其普遍，許多人賺得多卻活得空，因為「原本以為錢能填滿的那個洞」，其實不是金錢該負責的問題。

### 如何避免金錢高峰後的心理落差？

第一步是「下修快樂預期」。不是放棄追求財務成就，而是認知到金錢帶來的是條件，不是狀態。真正能讓人快樂的，是與價值一致的行動、與人連結的體驗、以及長期意義的實踐。

第二步是「設計過渡期」。在重大財務目標達成後，不要馬

## 第九節　拿到錢後更空虛？反高潮效應解密

上投入下一個目標或花光成果,而是預留「整合期」,用來處理情緒落差與重新思考下一步。例如設定「獎金沉澱期」三週,不做大筆支出,只記錄感受、審視改變,讓心理與行為對齊。

第三步是「去工具化金錢」。不要再問「這筆錢能讓我變什麼樣的人」,而是問「我想成為什麼樣的人,這筆錢能幫我什麼忙?」這樣的思維轉換,能避免將金錢絕對化,讓它回到服務你的角色。

### 讓每一次「入帳」不只是結束,而是開始

金錢不是快樂的保證,也不是人生目的地。它只是你生活旅程中的資源。當你學會與金錢共處,而不是依賴它填補心理空缺,你會發現:「有錢而空虛」其實不是問題本身,而是提醒你該重新理解什麼才是真正值得追求的。

我們追求的不是帳戶餘額,而是內在充實的能力。下一次錢進帳時,不妨問問自己:「這筆錢,是要成就哪一段更深的生活?」

第二章　價值錯置：錢的感覺為何不來自錢？

## 第十節　錢的價值，和安全感無關

### 你以為安全感來自存款，其實是來自預期控制

我們都曾相信：「只要有錢，就會安心。」但實際上，很多人即使有儲蓄、有穩定收入、有房產在手，卻仍夜夜失眠、持續焦慮。這是因為安全感從來不是金額堆出來的，而是來自對未來的掌控感。心理學家艾倫・蘭格（Ellen Langer）指出，安全感的本質是「感受到選擇權存在」，也就是即使不完美，仍有決策與因應的能力。而金錢，只是其中一項工具。

### 安全感被誤認為「夠多就好」的陷阱

社會與媒體不斷傳遞「夠多才安全」的邏輯——三百萬才算財富自由、五百萬退休才有保障、一千萬人生才能無憂。但這些數字看似具體，實際上卻是文化幻象。根據 2023 年一份理財信心調查報告，即使資產淨值超過千萬的受訪者，仍有高達 68％表示「沒有安全感」，顯示金額累積與心理安全幾乎不存在絕對關聯。

這種迷思導致人們不斷將金錢儲蓄變成強迫儀式，而無法真正享受成果。你可能已經有足夠應付三年生活的存款，卻仍不敢報名語言課程、不願花錢參加家人旅遊，只因「以後可能更

## 第十節　錢的價值，和安全感無關

難」。這種預設風險的模式，其實是將安全感「外包」給金額，而非訓練內在調節力。

### 真正的安全感，來自經驗過風險後的穩定感

安全感不是沒有風險，而是「知道即使遇到風險，我也不會崩潰」。這是一種來自生活經驗的韌性記憶。例如：經歷過低潮後能重新站起來的人，即使資產不多，也會對未來感到穩定；反之，未曾經歷過挫敗者，即使財富充足，面對未知也容易驚慌失措。

經濟心理學家研究指出，人們的安全感指數與「生活反脆弱性」成正比 —— 也就是願意主動面對困難、擁有心理調節技巧者，往往比資產豐富卻過度依賴外在條件者，更具備長期穩定的安全感。

### 如何打造與金額無關的安全感資本？

第一步是「多元安全來源」思維。問自己：除了金錢，你還有哪些可以讓你穩定的資源？可能是支持你的親密關係、可轉換的專業技能、可求援的社會網絡、足以回穩的心理韌性。這些都是你不靠錢也能站穩的基礎。

第二步是「建立應對記憶」。與其追求零風險，不如去回顧、書寫、整理你曾成功應對危機的過程 —— 曾經轉職成功、克服

第二章　價值錯置：錢的感覺為何不來自錢？

病痛、應付突發支出。這些經驗能在下一次不確定降臨時，提供心理憑依。

第三步是「區分金錢與控制感」。當你發現自己過度依賴「金額的高低」決定是否安心時，請刻意練習將安全感投資在行動上——例如建立備用計畫、提升職能、增強家庭溝通，而不是一味檢查存款數字。

## 讓安全感成為你自己內建的能力

錢能提供自由，但安全感是需要練出來的。當我們停止把所有風險感都丟給金錢來處理，人生才會真正變得靈活與穩固。不是你要有多少錢才會安心，而是你能否在不安時，知道怎麼處理。

真正的富有，不是有錢，而是「我相信自己在變動中仍有選擇」。這份信任，就是你與不確定和平共處的開始。

# 第三章
## 免費最貴：
## 誘導性選擇的陷阱設計學

## 第三章　免費最貴：誘導性選擇的陷阱設計學

# ▌第一節　為何我們對「贈品」完全沒有抵抗力？

### 免費，是一種讓理性失速的魔法

「買一送一」、「加一元多一件」、「滿額贈」這些促銷語言充斥我們的日常消費環境。根據臺灣行銷科學協會的年度調查，有近八成受訪者表示曾在「其實不需要但有送贈品」的情況下決定購買產品。這樣的現象說明了：我們對「免費」幾乎沒有抵抗力。這不是單純的貪小便宜，而是心理機制在運作——免費給我們帶來的不是價值，而是一種被眷顧與占便宜的感覺。

行為經濟學者丹・艾瑞利（Dan Ariely）曾設計實驗讓受試者選擇巧克力，其中一個版本是「高級松露巧克力賣 15 元，平價巧克力賣 1 元」，大多數人選擇前者。但當價格改為「松露賣 14 元，平價免費」，立刻大幅轉向選擇免費者。顯然，即便價格差距不變，「免費」這個字眼本身就能動搖判斷中心。

### 贈品讓我們覺得「有多拿到」，但其實花得更多

免費不是無代價的，它通常捆綁在一個交易設計中，例如必須達到某筆金額、購買某特定商品、或是限時選擇。這種「有條件的免費」讓我們不自覺將目標從「我需要什麼」轉向「怎麼達到贈品門檻」。

## 第一節　為何我們對「贈品」完全沒有抵抗力？

你本來打算買一雙鞋，但為了滿額贈又買了一雙襪子；你原本只想吃一碗拉麵，卻因套餐送飲料多點了配菜。這些都是「贈品驅動行為」的結果。研究指出，消費者在「有免費贈品」的情境下，平均支出比無促銷時高出 22%。

這種設計甚至延伸到保險、電信資費、信用卡回饋點數等較複雜產品中。例如某些信用卡宣稱「首刷禮送萬元商品」，其實是在年費、利率與附加條款上藏了更多成本，卻因「免費」作為主視覺語言，成功讓消費者忽略核心評估。

### 免費讓我們感覺在掌控，其實只是被設計

我們以為自己選擇「划算」，但事實上，是在行銷設計師的框架中做出反射動作。贈品策略的核心，是讓人產生「成本消失」的錯覺，進而移轉注意力到「機會難得」。當我們面對這種語境時，大腦的獎賞系統啟動，讓我們迅速做出行動，而不是分析實際需求。

更重要的是，這類贈品不只是促進一次性購買，它會強化「品牌好感」與「行為黏著性」。你可能因此對某品牌產生忠誠度，甚至主動搜尋有無下一波贈品活動，這正是商家希望長期建立的消費習慣迴路。

## 第三章　免費最貴：誘導性選擇的陷阱設計學

### 數位消費如何用「免費」蒐集注意力與資料？

在 App、訂閱服務與線上平臺中,「免費」已經變成一種商業武器。例如免費下載的遊戲,設計多數功能需內購;免費網路新聞則讓你被迫觀看更多廣告,甚至讓平臺收集點擊行為作為「再行銷」的資源。這些商業模型建立在「你無法抗拒免費,但會留下可被操作的足跡」這個事實上。

2020 年一項由歐洲數位行為研究機構針對 Netflix 與 Spotify 的研究指出,超過六成用戶試用免費體驗期後自動續訂,即使其中三成未實際頻繁使用服務。也就是說,「免費」的入口成功啟動了沉沒成本與注意力綁定,讓人進入一段原本不打算參與的消費旅程。

### 如何與免費保持理性距離？

第一步是反問:「如果沒有送,我會買這個東西嗎?」若答案是否,那麼你就是為了贈品而消費,而非真正的需求。

第二步是重新定義「划算」:不是「有多送什麼」,而是「我是否只買了需要的」。試著把贈品視為不具吸引力的干擾資訊,將決策回歸到物品本身的使用價值與價格結構。

第三步則是建立「長期回報視角」,也就是以「這筆交易五天後、一個月後、一年後對我還有價值嗎?」來評估當下決策。這樣做能有效對抗「眼前小確幸」對思考造成的吸引效應。

最後，為自己建立「贈品不等於獲利」的信念：你沒有多賺到什麼，只是被換了購買行為的路徑。當你意識到免費的本質是誘導，而不是餽贈，你才有可能從這場心理戰中保持主動。

免費，不會讓你多得到什麼，它只會讓你更快忘記你真正需要什麼。

## 第二節　免費能誘發「沉沒成本」效應

> 你沒花錢，卻已經付出得太多

「免費」的魅力，不只是讓人購買不必要的東西，更關鍵的是它會讓人產生一種錯覺——因為得到了「免費」的東西，我投入的注意力、時間或行動成本，都變得無法回收。這正是行為經濟學中的「沉沒成本效應」——當人已經投入某種不可回收的資源後，便傾向繼續投入，即使這樣的行為不再合理。

心理學家曾指出，「沉沒成本效應是一種用過去決策來左右未來行動的心理傾向」。當「免費」成為誘因時，這種效應會變得更加隱蔽卻致命。你可能下載了一個免費App，卻因花了幾小時學習使用，反而不願放棄它；你可能排隊兩小時為了一杯免費咖啡，卻從來沒想過那兩小時的時間成本值不值得。

## 第三章　免費最貴：誘導性選擇的陷阱設計學

### 免費服務如何讓我們持續被綁定？

想想看，你是否曾訂閱某個免費試用期的影音平臺或線上課程，最終卻因為「已經花了很多時間使用」、「覺得不繼續很可惜」，而在試用結束後自動續訂？這種現象的關鍵不是產品本身的優劣，而是你不願承認過去的投入已經「浪費」。商業設計者深知這一點，才會在各種免費體驗中置入「逐步深化」的機制。

以健身品牌為例，其提供首月免費體驗，但在第一週安排營養師諮詢、第二週提供個人化課程推薦、第三週邀請參與社群活動……到了第四週，即使使用者對健身房沒有長遠需求，也會因為「已經建立連繫」與「不想讓努力白費」而付費轉正。

### 情感與時間，也是沉沒成本的一部分

沉沒成本不只是金錢，也包含情感與時間。這在免費交友App中尤其明顯。許多人在花了數週時間與某人互動後，即使感覺不對，仍繼續保持聯絡，只因「都聊到這程度了，好像也不能說斷就斷」。這是一種典型的心理投資偏誤：你不願意放棄一段無效互動，是因為你對自己的投入產生了認同與價值錯覺。

類似的狀況也出現在消費者活動參與中——免費講座、試吃體驗、線上直播等活動，看似無償，但當你花了時間整理筆記、參與討論、回饋填問卷後，就會對這次「免費活動」產生期

## 第二節　免費能誘發「沉沒成本」效應

待與合理性需求。如果最終結果不如預期，你不但不會批評對方，反而容易自我合理化：「應該是我還不夠努力」。

### 沉沒成本效應如何讓「免費」變最貴？

當我們投入過多的不可回收資源，只因為「免費」而啟動投資行為，其實最終付出的代價往往遠高於直接花錢購買。例如，有人下載免費學習平臺後，強迫自己每天打卡，結果心理壓力過大導致失眠；有人參加免費旅遊講座後被拉進團購陷阱，只因不願讓「時間白費」。

行銷專家指出，設計「前期免費、後期轉換」的策略時，往往會計算「情緒投資比率」，即使用者在試用過程中累積多少投入（時間、互動、習慣養成），來預測其轉換機率。也就是說，沉沒成本並非副作用，而是被精密設計出來的核心誘因。

### 如何辨識你是否被沉沒成本綁架？

一個簡單的判斷方式是：「如果現在重新開始，這件事我還會願意投入嗎？」若答案是否，那麼你很可能是被過去的付出所控制。

另一種判斷方式是觀察你在免費服務中的情緒反應：你是否因錯過某次免費活動而焦慮？是否覺得不參與就對不起自己？這些情緒其實是沉沒成本在你心中投下的影子。

第三章　免費最貴：誘導性選擇的陷阱設計學

最後，建立「未來價值優先」的思維模式：不是問「我曾經花了什麼」，而是「這對我未來還有什麼用？」這能幫助你從沉沒成本中抽身，把理性決策還給未來的你。

沉沒成本不可怕，真正可怕的是我們不願承認它的存在。當你意識到「免費」其實已經讓你付出許多，你就能重新拿回決定權，不再在誘導設計中迷失。

## 第三節　折扣與限時，如何打破理性防線？

### 折扣不是給你便宜，而是剝奪你判斷的時間

「限時特價」、「最後一天」、「只到今晚 12 點」這類字眼，看似提醒消費者珍惜機會，實際上卻是經過精密設計的行銷語言，專門用來壓縮你做決策的時間。研究顯示，當人們感受到時間壓力時，大腦中負責衝動行為的區域（如杏仁核）活性會上升，而負責理性分析的前額葉皮質活性則會降低。

當你在電商平臺看到倒數計時器、直播購物喊著「剩兩分鐘」，你的焦點就不再是「我需要這個嗎？」，而變成「我會不會錯過？」這是一種經典的「損失規避」心理機制在發揮作用──人們對失去機會的痛苦，遠大於獲得實惠的快樂。

## 第三節　折扣與限時，如何打破理性防線？

### 折扣價格其實是行為操控的「起點價」

你是否曾遇過原價標示 9,999 元、現折後只要 2,990 元的商品？這種「先抬高再降價」的行銷套路，其核心在於操控你的心理定錨效應。當我們看到一個高價，會自動以此為參考點，之後再看到任何價格都會以此為基準。即使 2,990 元並不便宜，與 9,999 元相比卻看起來「非常超值」。

這種「虛構價值落差」讓我們忽略了商品本身的實際價值，轉而專注在「折了多少」而非「是否值得」。經濟學者理查・塞勒（Richard Thaler）稱這種現象為「交易效用」（transaction utility）——消費者不是在意物品的絕對價值，而是這筆交易「感覺」上划不划算。

### 限時壓力讓你失去比較與評估能力

在時間有限的情境下，我們的大腦會自動啟用「快速處理系統」，也就是認知心理學中所謂的系統一（System 1）。這種系統依賴直覺與經驗，不具備深度分析能力。結果就是，我們會憑印象選擇，忽略細節，例如商品的退換政策、使用限制，甚至是該品項是否真的需要。

臺灣某大型購物平臺的內部數據顯示，「限時搶購」商品的退貨率遠高於一般商品，甚至高達 22%。這顯示消費者在限時

## 第三章　免費最貴：誘導性選擇的陷阱設計學

情境下的決策品質明顯下降。當我們被迫在短時間內下單，其實是將主動思考權讓渡給了行銷設計者。

### 折扣與限時如何在生理層面「駭入」你的意志？

除了心理誘導，限時折扣還會引發生理層面的反應。神經行為學研究發現，當我們看到倒數時間或「剩餘名額」等視覺提示時，大腦中的去甲腎上腺素會快速升高，使人進入「戰或逃」的應急狀態。這種狀態會壓制複雜思考能力，提升短期反應能力。

也就是說，當你手滑點下「立刻購買」時，很可能不是出於需求，而是生理被駭客般地激發出行動衝動。這種機制與危機決策、恐慌搶購甚至戰場反應有相似邏輯。

### 如何防止理性被倒數計時擊潰？

第一步，建立「價格冷靜期」原則。當你看到限時優惠時，強迫自己延遲 15 分鐘再做決定。這段時間讓你的理性系統有機會重新啟動，從「反應」轉為「思考」。

第二步，練習問自己：「如果這東西明天原價販售，我還會想買嗎？」這個問題有助於將焦點從折扣價格拉回產品本身，打破被折扣主導的判斷機制。

第三步，辨識出你個人的「價格誘導模式」。有些人對「五折以下」敏感，有些人對「買一送一」無法抗拒。當你知道自己在

哪種誘因下容易失守，就能預先建立對應策略，例如設定消費提醒、排除購物 App 的推播等。

折扣與限時從來不是單純讓利，它們是商業設計中最精緻的心理武器。當你能意識到自己每一次被推進購買的當下，理性如何逐步被架空，你就多了一層主導消費的權力，也讓真正需要的物品才進入你的生活。

## 第四節　資訊不對稱的消費勒索

> 不是你不精明，是對方比你更懂你的盲點

在現代消費環境中，商品與服務背後的資訊量早已超過一般消費者可掌握的範圍。你在選擇健身方案、保險條款、金融投資產品時，面對的是專業銷售人員、演算法或自動化系統，而這些背後代表的是一種不對等的權力結構──資訊不對稱。

資訊不對稱的核心問題在於：你不知道自己不知道什麼。也就是說，你以為你掌握了選項與差異，但實際上對方設計了資訊顯示的方式、比較標準與範圍，引導你做出對他們有利的選擇。這不是詐騙，而是一種結構化的「合法勒索」。

第三章　免費最貴：誘導性選擇的陷阱設計學

> 保險條款、電信方案與金融商品的灰色空間

以保險產品為例，多數人面對的條款動輒數十頁，且文字高度技術化與法律化，普通人幾乎無從理解其真正涵義。你可能誤以為自己投保了「全面保障型醫療保險」，卻在出事時才發現「住院津貼需滿三天」或「特定手術需自行先墊付」。

臺灣 2023 年的一份報告顯示，超過六成保戶在購買保單後一年內無法正確說明自己的保障範圍。這並非消費者不努力，而是「資訊可得性與可解釋性」本就遭到刻意弱化。相同的狀況也發生在電信方案中：基本費率與額外流量、網外分鐘、熱點分享等條件分散列示，造成使用者難以真實比較成本與效益。

> 演算法如何操縱你的選擇環境？

在網路平臺上，資訊不對稱的形式更加進化。你以為你在比價、選擇，其實平臺早已預設了「預設排序」、「熱銷推薦」、「猜你喜歡」等邏輯，讓你看到的世界被高度定制化與收窄。

這種由平臺掌控的「選擇架構設計」（choice architecture），讓你處在一個透明卻被控制的環境中。例如：某購物平臺曾在促銷期間將預設排序改為「最常加購商品」，導致消費者在不知情的情況下做出與平時不同的選擇。

更高階的資訊不對稱發生在動態定價系統中：平臺根據你的瀏覽時間、購買紀錄與停留頁面，計算你對某產品的「價格耐

## 第四節　資訊不對稱的消費勒索

受值」,進而推送符合你心理底價的價格 —— 看似優惠,實際卻是比別人貴。

### 為什麼你很少質疑這些不公平?

資訊不對稱之所以能持續發揮效力,是因為它被包裝得極具正當性,且消費者往往羞於承認自己「看不懂」。社會文化也傾向將「看不懂合約」視為個人失誤而非結構陷阱,使得這類現象得以長期存在。

心理學上,這屬於「認知責任錯位」:也就是當系統性資訊被隱藏時,使用者卻將錯誤歸咎於自己不夠努力、不夠精明。這種機制讓資訊壟斷者得以毫無成本地維持優勢,因為使用者自己主動選擇「忍氣吞聲」。

### 如何反制這種結構化的消費操控?

第一個做法是練習「問出系統漏洞問題」。例如:請業務員用一分鐘內說明商品限制條件;請客服直接指出與其他競品最大差異點;或直接問「哪一項費用在條款中被刻意模糊?」這些問題能有效突破話術外衣,迫使對方用非模板語言應答。

第二個做法是善用資訊揭露平臺。例如政府開放資料庫、專業社群評比、消費者保護組織的標準化資訊整理頁。這些工具雖不完美,卻能在結構上打破單一資訊來源的壟斷。

第三個做法是培養「選擇框架敏感度」。也就是當你察覺商品資訊排列方式、排序依據或推薦機制時,先停下來問:「這個順序,是誰決定的?有誰沒被看見?」這樣的思考習慣會逐漸讓你對資訊不對稱產生免疫力。

資訊不對稱並非你我無能,而是結構性操控的結果。當你看見了、質疑了,並願意延後決策,資訊勒索的力量才會從無形變得可控,讓你的每一筆消費回到真正的選擇權利之中。

## 第五節　套餐與「最划算選項」的選擇誘導術

### 「划算組合」不一定划算,它只是設計過的誘導

當你在便利商店櫃檯看到「加10元多一瓶」的套餐,或在速食店看到「超值餐比單點便宜30%」,你或許以為自己精打細算,但實際上你是被設計引導進入特定選項的思考框架。這種設計稱為「選擇架構操控」,專門讓你覺得某一選項是最合理、最安全、最值得的決策。

行為經濟學者理查・塞勒指出,人類對「損失」特別敏感,因此「放棄優惠」的情境會被感知為損失,而不是「避免額外支出」。所以你其實不是在多花錢,而是在「避免錯過」。這樣的語言設計使消費者在沒有真實比較基準下,被推入特定方案。

## 第五節　套餐與「最划算選項」的選擇誘導術

### 套餐設計的三大心理機制：錨定、對比、規避

第一是「錨定效應」。商家會先放一個高價單品，例如單點主餐 199 元，但套餐只要 229 元，還附飲料與甜點。這時消費者會將 199 元當作價值錨點，229 元則看起來「只多 30 元多很多東西」。但實際上，原本你可能根本不想喝飲料或吃甜點，卻為了這 30 元而接受更多「不必要的東西」。

第二是「對比效應」。設計三種價格方案：低價但內容很少（用來襯托）、中價但組合豐富（主推）、高價但過於昂貴（用來當噪音），這叫「誘餌選項」(decoy effect)。中價組合被包裝為「最均衡最合理」，讓你無需思考即直接選擇。

第三是「選擇規避」。當選項太多，消費者會選擇看起來最清楚、最容易判斷的方案。套餐通常名稱明確、附加選項少，看起來「不容易踩雷」，於是消費者在時間壓力或決策疲乏下，自然傾向套餐而非單點。

### 餐飲、電信、影音平臺——誰都在玩「主推選項」的遊戲

在餐飲業之外，這種誘導性套餐更蔓延至訂閱制平臺。以影音串流平臺為例：基本方案畫質低、不支援多人登入，進階方案價格高但多餘，消費者大多選擇「標準方案」，也就是平臺想讓你選的主推選項。

## 第三章　免費最貴：誘導性選擇的陷阱設計學

再如電信資費方案，會刻意設計「低價但限制多」、「高價但超出需求」、「中價最符合現代人使用習慣」的三選一邏輯，讓你自以為理性選擇，其實只是踏入預設好的選擇框架。

有趣的是，這些誘導設計不只是消費層面的現象，連在教育、醫療、健身等服務業中也屢見不鮮。月費制、年約、升級方案、教練加值包……都是用「主推方案」來引導你決策。

### 為什麼你總是選「中間那個」？

心理學上這被稱為「中位偏好」（central tendency bias）。當人面對一組選項時，會直覺認為中間選項是「最不極端」、「最安全」、「不會後悔」的選擇。這種偏好被廣泛應用於價格與功能包裝中，只要設計三種選項，中間那個就會自動吸引最多人購買。

但事實上，中間方案往往是設計者事先規劃好的利潤最大化選項。你不是在避開極端選擇，而是進入一個由行銷專家精心設計的心理迴路。

### 如何辨識誘導式套餐選項？

第一，觀察價格與功能之間的比例落差：若「中價方案」比低價方案多出極少功能，卻價格高很多，那可能就是誘導項。

第二，看是否有明顯的「價格對比陷阱」：例如將高價設得過於誇張，來突顯中價的合理性。這時中價就是包裝過的

利潤主力。

第三,問自己:「我是否因為『怕錯過』而選這個方案?」只要這是主要理由,那可能就是被誘導選項。

選擇權本來是你的,但當選項被設計,你的理性就很容易被框架取代。識破這些「看起來最好」的方案,才能真正做出最適合你的決定,而非對方最想你做的選擇。

## 第六節　訂閱制與自動續費:你不是忘記,是被設計遺忘

### 免費試用的真相:從接觸到黏著的心理陷阱

你是否曾訂閱影音平臺、線上課程、健身房會員,只因它「首月免費」?又是否在免費期過後「忘記取消」,結果每月自動扣款持續半年、一年?這不是單純健忘,而是設計讓你忘記。這種行為設計在行銷學中稱為「默許式同意」(default consent),即在你未表示拒絕時,自動視為接受。

平臺利用的不是技術,而是人性。研究顯示,多數人對「取消」的動作感到拖延與抗拒,特別當這個動作需要額外登入、填寫問卷、聯絡客服時。這種「設計性摩擦」使得原本應該輕易取消的服務,成為一種「心理負擔高」的行動,讓使用者選擇暫時擱置,最後遺忘。

## 第三章　免費最貴：誘導性選擇的陷阱設計學

### 被動使用與低頻消費：平臺的獲利核心

訂閱經濟模式最令人詬病的，就是「你沒在用，卻還在付錢」的情境。這類消費被稱為「被動消費」（passive consumption），是商業模型中的穩定獲利來源。

以影音平臺為例，根據 2022 年網路媒體產業報告，約 41% 的訂閱戶每月實際觀看不超過 3 小時，但持續扣款超過 6 個月。換句話說，平臺從這類用戶身上獲得的收益，幾乎沒有成本。

這樣的模式被複製到各領域：雲端儲存空間、線上健身課、手機 App、雜誌訂閱、會員專屬服務。這些服務不再以「你是否使用」為重，而是設計成「你是否取消」為核心。平臺不是期待你活躍，而是期待你「安靜地遺忘」。

### 設計上的隱藏機制：從預設勾選到不合理流程

你是否曾遇過這樣的取消流程：登入後找不到「取消訂閱」按鈕，要先點進「帳號設定」→「付款設定」→「更多選項」→「聯繫客服」→填寫理由？這不是技術設計問題，而是策略。

社會科學家 B・J・福格提出「行為模型三要素」（動機、能力、提示），指出降低「能力」會大幅降低行動機率。設計複雜流程，就是降低你的「取消能力」，讓你在生活壓力中選擇忽視。

有些平臺甚至進一步使用「預設勾選」與「隱藏費率資訊」策略。消費者在不經意中被勾選升級方案、被誘導進入更高階

## 第六節　訂閱制與自動續費：你不是忘記，是被設計遺忘

資費，只因使用者介面沒有清楚標示或混淆選項。這些設計都讓取消變得難以直覺操作，使得「遺忘」變得合理。

### 「忘記取消」的心理學真相：行動摩擦與認知壓力

你不是懶惰，也不是健忘，而是被精心設計過的「認知負荷」拖住。這是一種典型的「決策疲乏效應」——當你每天已經面對無數選擇與任務時，面對一個「看起來不急迫」的取消任務，自然會拖延。

同時，部分人也會有「認知合理化」的傾向，說服自己「以後可能會用到」、「現在先留著」、「這筆錢也不算太多」。但這樣的心理自我對話，其實就是平臺希望發生的事情。

### 如何對抗自動續費與訂閱設計陷阱？

第一，建立「訂閱記帳系統」。不論是用 App、Excel 還是筆記本，請記下所有訂閱服務與到期日。這樣不但增加取消行動的可見性，也減少遺忘的可能。

第二，刻意將「取消流程」視為一項儀式。例如每月固定第一週安排 30 分鐘清查所有帳戶與訂閱狀態，並練習取消一項不再使用的服務，強化對數位消費的控制力。

第三，選擇「非自動續約」的付款方式。像是使用一次性虛擬卡號、預付方案、或需手動續訂的版本，將決策權主動化。

第四，養成「訂閱前評估五問」：

- 若免費期結束，我是否會付費繼續？
- 是否曾用過類似服務但後來棄用？
- 這項訂閱是否可被其他免費資源取代？
- 我是否能在期限內充分利用這服務？
- 若忘記取消，這筆費用對我有多大影響？

這些問題將讓你每一次訂閱時，都更靠近「主動選擇」而非「被動被續」的角色。

訂閱經濟本身不是邪惡，而是當它利用遺忘與拖延變成獲利模式時，才成為剝奪行動權的陷阱。當你知道你不是忘記，而是被設計遺忘，你就能重新主導消費節奏，讓每一筆扣款都經得起審問。

## 第七節　比較對象誰選的？
### ——框架效應解析

> 你以為你在比較，其實你在被設計比較

我們總相信比較能讓我們更理性，但若「比較的對象」是被刻意挑選出來的，那麼比較的過程就不再中立。這就是「框架效

## 第七節　比較對象誰選的？——框架效應解析

應」（Framing Effect）的本質：在不同的語境、排列、對象下，同樣的選項會被做出截然不同的選擇。

行為經濟學先驅阿摩司・特沃斯基（Amos Tversky）與丹尼爾・康納曼（Daniel Kahneman）提出，人的判斷高度依賴「參照點」與「情境包裝」，而非純粹邏輯。也就是說，我們不是在比較真實差異，而是在做出「語境反應」。

### 超市、電商、保險 —— 比較對象是誰決定的？

走進超市，你看到兩款牛奶標示：「95%無脂肪」與「含5%脂肪」，你會選哪個？多數人偏向前者，雖然實質內容一樣，差別僅在敘述方式。這是框架效應最經典的例子 —— 正面框架更易讓人接受。

在電商平臺中，常見的手法是「相似商品排序」：平臺先推薦一個價格偏高的產品，再推薦另一個「稍便宜但功能近似」的選項，讓你自動轉向後者。事實上，後者才是平臺想你購買的商品，前者只是用來營造價值落差的「對照品」。這在價格設計中稱為「誘餌效應（decoy effect）」。

保險方案更是框架設計的大本營。例如醫療保險會用「一年最高理賠額」來包裝保障力度，而不標示「日常實支實付比例」。消費者在被高額數字吸引後，忽略了實際可理賠情境的條件限制。

第三章　免費最貴：誘導性選擇的陷阱設計學

> 認知偏誤＋時間壓力＝無效比較

當資訊被包裝，我們又在時間壓力下快速決策，會更依賴直覺判斷。這使得我們容易受「第一個看到的選項」、「比較對象呈現順序」、「資訊正負面描述」影響。例如：一份促銷頁面若先呈現最高折扣，再說明使用限制，會比先列限制後說優惠，更容易讓人產生「值得」的感覺。

這類操作也存在於科技產品選購中。許多手機或筆電會以「入門款 vs. 高階款」設計，誘導消費者選擇「中間價位」，因為入門款被弱化，高階款則過於昂貴，中間選項透過「比較背景」變得合理。

> 如何跳脫比較陷阱？三個對策思考框架

第一，確認比較軸是否有意被選擇。當你在看商品頁時，問自己：「這個對比是誰設計的？有沒有我沒看到的選項？」尤其在促銷與方案比較頁中，盡可能搜尋其他品牌、其他通路，避免陷入單一路徑思考。

第二，將資訊「換框」再思考。嘗試將原本的敘述重寫成另一種方式，例如「95％無脂肪」→「含 5％脂肪」；或「折 1,000 元」→「仍需支付 XXX 元」，這樣能讓你跳出語境暗示，看見實質內容。

第三，建立「價值主軸」而非「差異比較」。也就是不要問「哪個比較划算」，而是問「哪個更符合我實際需求與使用情境？」這將幫助你從相對價值思考，回到絕對意義的評估。

比較本應讓我們做出更理性的選擇，但若比較的軸線與對象早已被設計，那麼你比較的，其實只是別人希望你看到的結果。唯有回到主體視角，才能在資訊繁雜的世界中做出屬於自己的清醒選擇。

## 第八節　滿額贈的心理經濟學

> 滿額贈不是送你東西，是引導你多花錢

「消費滿千送百」、「滿 3,000 送品牌包」這些促銷話語，看似讓消費者占了便宜，實則是精密設計的「誘導性支出」策略。行為經濟學指出，人們對於「獲得感」具有天然偏好，特別是在以「條件交換」方式獲得贈品時，會產生「主動成就」的心理錯覺。

舉例來說，當消費金額只差一點就能達到門檻，消費者會自願多添購不需要的商品，來換取那「看似免費」的贈品。這正是「邊際獲益錯覺」的展現──我們放大了贈品的價值，忽略了新增消費的必要性。

## 第三章　免費最貴：誘導性選擇的陷阱設計學

### 滿額贈如何引發「再補一點就好」效應？

經濟學家理查・塞勒（Richard Thaler）曾說：「人們不是在計算錢，而是在計算感覺。」當你距離贈品門檻只有幾百元，就容易進入「心理帳戶調整」模式——即便新增商品不合用，也會因「贈品可得性」而說服自己購買。

根據2023年百貨業的一份調查報告，約有68%的消費者在面對滿額贈時，會額外添購非計畫性商品以湊足門檻，平均增加消費額達22%。這顯示滿額贈的誘導效果已經深植消費行為之中。

這種操作之所以有效，還因為它與「損失厭惡」綁在一起——若不湊到滿額，就等於「損失贈品機會」，這讓消費者傾向高估贈品價值、低估新增支出。

### 購物節、會員日與跨品類搭配的隱性陷阱

在年度購物節、會員日、雙11等大型促銷活動中，滿額贈策略常與時間壓力與「限量搶購」機制交織使用。你會看到「滿5,000送品牌傘（限量300支）」、「滿8,888送運動手環（會員限定）」這類語言，進一步激化消費者的行動衝動。

此外，許多平臺設計「跨品類加總滿額」機制，例如服飾、居家、美妝可合併計算金額，這讓原本只想買一件外套的顧客，開始補買毛巾、口紅與香氛蠟燭，只為了觸發滿額條件——即使

## 第八節　滿額贈的心理經濟學

這些品項原本並無消費意圖。

更精細的變形版本，還包括「分段滿額」，如滿 2,000 送 100、滿 4,000 送 300，這種遞進式設計會讓消費者傾向「往下一級邁進」，因為放棄看起來像「虧損」。但實際上，所花費的金額遠高於贈品本身的價值。

### 滿額贈如何產生心理賦值偏誤？

多數贈品的市場實際價值遠低於消費者心中賦予的價值，這是「心理賦值偏誤」的展現。當贈品以「品牌限定」、「市值 XXX 元」呈現時，即便無市場需求或非功能性物品，消費者也會產生強烈的「占便宜」感。

這不僅影響一次性消費，還可能轉化為「品牌忠誠」的建立。消費者對於提供贈品的品牌產生偏好，即便日後價格無優勢，也會因「過往經驗的補償心理」而傾向重複購買。

### 如何脫離「被贈品驅動」的決策陷阱？

第一，養成「贈品價值評估」習慣。問自己：如果這個贈品單獨販售，我願意花多少錢購買？若答案是 0 元或接近 0 元，這代表它對你實際無價值。

第二，使用「支出必要性清單」。購物前列出你真正需要的商品，若湊滿額時新增的品項未列於清單，就不應進入購物車。

第三,拆解「贈品驅動句型」。當看到「只差 XXX 就能獲得 YYY」,試著倒轉句子——「我要多花 XXX 元才能換到 YYY」,這樣做能讓你回到成本評估的主體位置。

滿額贈的策略不是錯,而是當我們被贈品牽著走,放棄了原本的消費計畫時,它就從促銷變成了一種操控。當你能跳脫「為了得到而消費」的循環,真正的主控權才會回到你手上。

## 第九節 「錯過就沒有」其實從來沒打算給你

> 稀缺性行銷的本質是假性緊急

「只剩最後三組!」、「今晚 12 點截止!」、「搶完為止!」這些熟悉的行銷語句,看似提醒你機會有限,實際上是一種強化行動壓力的心理策略。這類被稱為「稀缺性訴求」(scarcity appeal)的行銷技術,利用人們對「失去機會」的恐懼,引導你快速下決定。

社會心理學者羅伯特・席爾迪尼(Robert Cialdini)在其著作《影響力》中指出,當資源被標示為「稀缺」時,即使其本質價值不變,人們也會提高對其重視度與行動意願。這正是為何平臺與商家頻繁創造「快沒了」的語境,讓你誤以為錯過會後悔。

## 第九節　「錯過就沒有」其實從來沒打算給你

### 人為製造的限量，其實不是真的稀少

在實際操作上，限量多是被設計出來的，而非供應限制。例如限時開放的商品、排隊搶購的活動，其實商品庫存充足、銷售時間可延，但商家透過人為控管與演算法操縱呈現順序，使消費者誤認為商品即將消失。

根據 2023 年一份電子商務行銷報告，在雙 11 活動中，平臺設定「倒數計時」、「剩餘庫存」訊息的商品，點擊率平均提升 62%，即使實際並未真正限量。這說明「限量語言」本身比產品本身更能驅動消費。

甚至有品牌在 App 或網頁動態製造「熱銷中」、「售完」、「秒殺」等視覺符號，實際上只是演算法根據你停留時間與瀏覽行為回饋而生成，並未真實反映整體銷售狀況。

### 後悔恐懼與「機會稀缺」的誤導作用

稀缺性行銷之所以有效，是因為它強化了「後悔恐懼」（fear of regret），讓人不自覺進入「先買再說」的模式。這種情境也被稱為「損失趨避模式」，當我們預期錯過可能導致情緒損失，就會過度反應。

這種心理效應廣泛應用於預購、限量福袋、VIP 會員日、行銷倒數活動中。消費者明知「可能之後還會有」，但在語境包裝下，寧可先搶下、不願後悔。

## 第三章　免費最貴：誘導性選擇的陷阱設計學

　　這也說明為何你會對「已經搶完」的產品更感興趣，甚至在二手市場加價購買 —— 因為你的選擇已不再基於需求，而是被操控為「證明自己沒有錯過」的行動補償。

### 如何判斷「限時限量」是否真實？

　　第一，觀察語言是否明確標示：「剩下幾組」還是「即將售完」？真正限量會清楚告知數量與結束時間，而非模糊語句。

　　第二，檢查商品是否「週期性回歸」—— 若該商品每月都「限時回歸」，那表示它根本不是真正稀缺，而是「週期性操控感覺」的設計。

　　第三，查看是否有替代方案：若平臺或品牌設計了「只要錯過 A 方案，還有 B、C 方案補上」，這其實是降低損失恐懼的策略誘餌，讓你以為錯過真的很可惜。

　　第四，從過往經驗驗證：觀察同品牌在前幾次活動的操作邏輯，是否常使用倒數計時卻又延長，或「限量商品」其實仍能購買。

### 駁斥「錯過就沒有」的心魔

　　當你意識到「錯過就沒有」其實是計算出來的壓力語言，你就能將主控權重新奪回。下一次看到「再不買就沒了」時，請問自己：「我是真的需要，還是只是不想後悔？」

建立「不買也不會後悔」的決策自信，是對抗稀缺操控的最好方法。別讓別人預設的時間表成為你生活的時鐘，你永遠有選擇的空間，只要你願意慢一點做決定。

## 第十節　你以為在買便宜，其實在為行銷費用買單

### 「促銷價」真的比較便宜嗎？

你是否曾經因為「買一送一」、「限時下殺」、「現折 300 元」而衝動下單？這些看似優惠的價格，其實往往早已納入業者的行銷成本。你不是買到了便宜，而是為了包裝、廣告、人力與平臺分潤多付了一筆「行銷稅」。

商品價格不再單純由成本與利潤決定，而是行銷預算的集體映射。一場百貨週年慶，其背後的廣告宣傳、網紅開箱、直播導購與平臺抽成，全數轉嫁進售價中，再透過「促銷標語」將心理負擔變成「占便宜」的快感。這是一場精密的認知轉換：把成本轉化為吸引力。

第三章　免費最貴：誘導性選擇的陷阱設計學

## 打折與分期是最昂貴的包裝策略

當你看到價格從 3,000 元打折為 1,999 元，可能以為省下了 1,001 元，實際上這 1,999 元已經是業者計算後的「心理最佳價格」。這包含了設計成本、消費者可接受上限、平臺抽成以及最重要的——促銷用語空間。

再以分期付款為例，零利率分期常被視為降低負擔的手段，但其實業者已將手續費、現金流損失與風險溢價內建進產品售價中。也就是說，你以為自己占了分期的便宜，實際卻是為維持「無痛付款」的體驗買單。

## 為何你總覺得便宜？價格錯覺與參考定錨

行銷手法不只改變價格，而是改變「感覺」。當一件商品原價標為 8,800 元、折扣後 3,280 元，你的注意力不會停留在「3,280 是否值得」，而是轉向「我賺了 5,520！」這種錯覺來自於「定錨效應」——消費者會以最早看到的價格作為參考標準，即使那個價格根本沒有真實依據。

這種效應廣泛應用在服飾零售、數位產品、保健品與美妝品等品類，讓消費者在無法真正比較產品價值時，轉而追求「看起來的折扣幅度」。

## 第十節　你以為在買便宜，其實在為行銷費用買單

### 行銷成本是由誰買單？消費者。

你看見的每一支業配影片、每一次網紅直播、每一份廣告投放報表，都不是品牌自己吸收，而是由商品最終價格所攤提。根據 2022 年一份統計，中大型電商品牌的平均行銷支出占總營收比高達 38%。這些費用不是來自投資，而是由消費者的付款支撐。

更關鍵的是，當你為一個「感覺便宜」的商品付出代價時，你同時也強化了這套以「假降價、真拉高」為基礎的市場邏輯。

### 如何判斷你是否在為行銷費用買單？

第一，觀察促銷頻率：若商品常年促銷，代表「原價」從未是真正售價，而是用來製造折扣的基準。

第二，查詢通路價格：比較同一商品在不同平臺的價格與包裝內容，若價格差異與行銷活動同步波動，即表示你買的是「包裝」而非「物品」。

第三，計算實際使用價值：問自己「這項商品我會在沒有促銷下也購買嗎？」若答案是否，那可能你是被行銷語言主導，而非實際需求。

## 第三章　免費最貴：誘導性選擇的陷阱設計學

> 別讓「划算感」掩蓋真實價值

當你明白那些你以為省到的，其實只是為了補貼行銷體系時，你就更能看穿促銷話術的虛實。價格不是愈低愈好，而是應與你的需求、使用頻率與實際功能相符。

最便宜的選擇，往往不是真正划算的選擇。而你，唯有從「被標價的感覺」中抽離，才有機會讓消費成為主動，而非被設計的結果。

# 第四章
## 恐懼的代價：
## 當感覺取代了判斷

## 第四章　恐懼的代價：當感覺取代了判斷

### 第一節　恐懼經濟的誕生：
　　　　從焦慮到消費的心理路徑

> 焦慮不是副產品，而是經濟的燃料

　　你以為自己是因為焦慮才花錢，實際上，是整個消費環境讓你保持焦慮，好讓你不斷花錢。從保健品到保險、從防疫商品到保全服務，現代經濟不只是滿足需求，更是製造不安。消費不再是解決問題，而是緩解「預期問題可能會發生」的感覺。

　　心理學上稱之為「未來導向型焦慮」(future-oriented anxiety)，它讓我們不斷預演災難與遺憾，然後尋找一個「可以先準備好」的選項。這正是恐懼經濟的根源：我們不是被事件驅動，而是被情境敘事驅動。

> 為何焦慮會讓人更容易消費？

　　美國史丹佛大學的行為研究顯示，當個體處於輕度焦慮狀態時，對「安全性」、「預防性」商品的評價顯著提高，且願意接受更高價格。這種心理反應的生理根源與腎上腺素與皮質醇濃度變化有關，大腦會傾向做出立即性反應而非延遲判斷。

　　這也解釋了為什麼「焦慮型廣告」如此有效。當你看到：「孩子的未來不能等待」、「錯過今天，可能後悔一生」、「癌症無法

## 第一節　恐懼經濟的誕生：從焦慮到消費的心理路徑

預測，保障不能等」，你的大腦不是在評估風險，而是在尋找能解除不確定感的按鈕。

廣告的強效在於它不是說服你「需要」，而是讓你覺得「如果不買，你可能會遭殃」。你不是在買東西，而是在為心裡的想像投保。

### 恐懼敘事如何進入日常語言？

你可能已經不知不覺接受了這些語言：「現在不補鈣，以後會後悔」、「一場病讓一個家庭破產」、「不理財就是等著吃苦」。這些看似中性的語句，實際上是典型的恐懼框架，用來誘導你產生「應該預防」的消費動機。

恐懼敘事最有效的特點是它不需證據。它依靠「可能性」的想像。例如防災背包、退化預防食品、遠距醫療會員或是兒童安全定位手錶──它們不見得有立即用途，但「萬一」的感覺就足以驅動購買。

一項針對中高齡族群的消費調查顯示，在 2023 年，有超過 52% 的 65 歲以上者購買了「非醫療必要」的健康保健品，其中七成原因是「怕老了沒人照顧」。這類動機並非基於事實，而是由情緒建構的經濟行動。

## 第四章　恐懼的代價：當感覺取代了判斷

> 恐懼與消費的五個常見連動場景

### 1. 健康焦慮與保健品超消費

從維他命到益生菌，從膝蓋貼布到腦部保養，許多品項都建構在「怕以後不能動」的語言上。

### 2. 育兒焦慮與過度補習

補習不再是為了提升學力，而是避免「輸在起跑點」；「不能讓他輸」變成了「不能讓我後悔」。

### 3. 災難想像與儲備消費

防災包、糧食儲備、水桶、行動電源，在極端氣候語境下快速擴散。

### 4. 未來貧窮恐懼與財富焦慮

投資講座、ETF 產品、保險規劃在「通膨吃掉退休金」語言中取得合理性。

### 5. 社交不安與外表提升

醫美、健身、服飾換季不是為了美麗，而是為了「不被淘汰」。

這些消費並非錯誤，但它們的觸發往往不是來自真實需求，而是情緒敘事主導下的行動偏誤。

第一節　恐懼經濟的誕生：從焦慮到消費的心理路徑

## 如何辨識與抵抗「恐懼式誘導」？

第一，問自己這個商品是在解決哪種「真實風險」？是否有實際數據支持？若只是「也許會」、「萬一怎樣」，就要提高警覺。

第二，觀察語言是否放大情緒。只要出現「錯過會後悔」、「不能等」、「你會輸」、「會遺憾終生」等強烈敘述，就可能是情緒性包裝而非理性建議。

第三，與他人交談前先獨立評估。恐懼式消費最常透過社群擴散，當你還沒搞清楚產品功能，就已被十個親朋好友轉發推薦。學會冷靜下來，問問自己：「沒有這個，我真的會過得比較差嗎？」

## 恐懼不是不能有，但不能讓它決定你的購買

我們不該否認焦慮存在，也無法阻止不安蔓延。但當恐懼成為商品的主導引擎，當「怕出事」成為主要購買理由，你要問問自己：「這筆錢，是在買保障，還是在買安慰？」

當你可以把情緒與行動區隔，當你能用「我知道自己為什麼買」的姿態面對商業語言，你就不再是恐懼經濟的燃料，而是它的觀察者與調整者。

## 第四章　恐懼的代價：當感覺取代了判斷

## 第二節　損失厭惡與後悔預期：
　　　　為什麼你對失去反應比得到還強烈？

> 人不是害怕出錯，而是害怕「錯過正確」

想像這個場景：你參加百貨週年慶，買了一雙打折的運動鞋，回家後發現朋友買到一雙更好看的、還便宜 300 元。雖然你原本滿意，但一瞬間失落感襲來，彷彿損失了什麼。這正是「損失厭惡」（loss aversion）與「後悔預期」（anticipated regret）在心理上的雙重作用。

諾貝爾經濟學獎得主丹尼爾・康納曼（Daniel Kahneman）與阿摩司・特沃斯基（Amos Tversky）提出，人在面對選擇時，對損失的情緒反應大約是獲得的兩倍。你花掉 1,000 元會覺得心痛的程度，遠高於賺進 1,000 元的快樂。而「後悔預期」進一步放大了這種反應，讓我們在行動前就預演「失敗的感覺」，導致猶豫不決、甚至選擇逃避。

> 選擇焦慮的背後是「怕後悔」而非「不確定」

在資訊過載的現代生活中，每一個選擇都像是風險。你不是怕買錯，而是怕「買了之後看到更好」。這正是網購平臺的「七天鑑賞期」、「免運退換」設計為什麼有效：它讓你以為保留了選擇權，降低了未來後悔的機率。

## 第二節　損失厭惡與後悔預期：為什麼你對失去反應比得到還強烈？

心理學研究顯示，人在面對兩個看起來差不多的選項時，會高估做錯決定的風險。結果不是冷靜比較，而是放大失敗的痛感、預演未來的懊悔。這也解釋了「選擇拖延症」：你不是懶得做決定，而是太怕之後會懊悔。

例如：一位準備報名語言課程的上班族，在兩間補習班之間猶豫了三週，最終乾脆不報。她不是無法比較課程內容，而是擔心「如果我選了 A，後來發現 B 更好怎麼辦？」這種後悔預期，讓她選擇逃避，而非行動。

### 損失厭惡如何影響我們的金錢決策？

你是否因為「之前已經投資了」，就不願意停損？或者，你是否買了一間裝潢過的套房，即便價格偏高，也不想再看其他物件？這些行為源於「沉沒成本謬誤」(sunk cost fallacy)──人們對過去的投入難以割捨，是因為放棄等於承認自己錯了，進而引發損失感。

同時，行銷語言也巧妙地利用這點，例如「再不買就要漲價」、「錯過今天，明天就要多花三千」，這些話術不是在告訴你價值，而是在喚醒你對損失的本能反應。你以為自己在抓住機會，其實是被恐懼牽著走。

## 第四章　恐懼的代價：當感覺取代了判斷

### 後悔預期如何讓你陷入「空轉型猶豫」？

另一種常見的偏誤是「空轉型猶豫」——人腦在面對選項時會進入模擬運算，每個選擇都可能導致後悔，於是乾脆什麼都不做。這在重大決策上尤其明顯，例如轉職、搬家、創業，甚至在選擇另一半時也常出現。

你會在腦中排演：「如果我去了新公司，萬一文化不合怎麼辦？」、「如果我沒投資這檔基金，之後大漲我不就虧了？」這些模擬不是理性分析，而是情緒演練。

結果是，我們不是因為資訊不夠而拖延，而是因為我們預期「做錯」會比「什麼都不做」更讓自己痛苦。這就是為什麼人寧願留在不理想的現況，也不願冒險做出改變——不是因為安穩，而是因為不想承擔後悔的風險。

### 如何跳出損失與後悔的雙重陷阱？

第一，練習「正向錯誤預期」：把注意力從「會不會後悔」轉向「我能從中學到什麼」。錯誤不是損失，而是資訊成本。

第二，刻意設定「可承受錯誤範圍」：預先告訴自己「就算這次判斷錯了，我損失的只有一千元」或「這不是終生決定，只是當下選擇」，能大幅減緩後悔預期的威脅感。

第三，別為過去負責，而要為當下做決定：沉沒成本不能追回，但你可以停止再投入錯的方向。

第四,用「小實驗」取代「大賭注」:不要想著一步到位,而是用可回溯、低成本的方式進行測試。例如買小包裝、參加試聽、先試住三個月,用實驗代替猜測。

損失厭惡與後悔預期是人類深層本能,它們曾在演化過程中保護我們免於危險,但在現代生活中,卻可能讓我們錯失行動機會。唯有看懂這些心理機制,我們才能在選擇的洪流中,不被過去牽制、不為未來空轉,把焦點重新放回「當下的我怎麼想、怎麼做」。

## 第三節　選擇障礙為什麼讓你更後悔?

### 我們不是怕選錯,而是怕「負責任」

你是否曾在冰淇淋櫃前猶豫不決,明明只是選一種口味,卻花了十分鐘以上?或是打開外送平臺,滑了半小時卻還是沒點餐?這些不是因為我們選擇困難,而是因為選擇意味著要承擔後果。一旦做出選擇,就得對可能的失望、浪費或錯誤承擔責任。

心理學家貝瑞・史瓦茲(Barry Schwartz)在其著作《選擇的弔詭》中指出,當選項過多時,反而會減少人們的滿意感,因為我們會開始想像「沒選到的其他可能」。這種「選擇後悔」不來自

於結果,而來自於我們的腦中劇場:我們無止境地模擬「要是我選了另一個,現在會不會更好?」

## 選項越多,快樂越少

在超市中有六種果醬時,顧客更容易購買;若陳列了24種,反而導致消費率下降——這是2000年一項知名行為實驗的結果,被稱為「果醬研究」。選項太多,看似自由,實際上會帶來「分析麻痺」與「選擇後懊悔」。

當我們面對眾多選項時,大腦需要處理的資訊量爆增,容易導致認知疲乏。你會變得不想再評估,不想再比較,乾脆延遲決策,甚至放棄選擇。這就像是站在自助餐臺前,看著琳瑯滿目的菜色卻一時不知道夾什麼。

這種「資訊焦慮」也擴散到人生決策上——太多職涯路徑、太多理財工具、太多戀愛對象選擇時,反而會讓人陷入「錯一步就會後悔一輩子」的過度思考。

## 為什麼選擇越久,後悔越強?

選擇障礙的核心,不在於選項難以分辨,而在於「花太多時間做決定」會讓人對結果抱持更高期望。一旦結果不如預期,這些投入的時間與情緒成本會轉化為更強烈的後悔感。

## 第三節　選擇障礙為什麼讓你更後悔？

這就是所謂的「決策投資損失」——你投入愈多心力做決定，愈會覺得「我應該選對」，否則就浪費了心力。這讓選擇後的不滿更尖銳、更私人化。

而在消費行為中，這類心理常見於大宗購買，如房屋、汽車、3C 產品等。你可能花了一個月比較筆電規格，買下後卻發現三天後有新款上市，心中的那句話會是：「早知道就再等一下。」

### 當比較變成懲罰，選擇就失去了自由

真正造成我們後悔的，不是選錯，而是「比較後懲罰自己」。我們用他人選擇結果、他人反應，甚至想像中自己過去的選擇來審判當下的自己，這讓選擇本身不再是自由，而是一場懲罰性的審判。

心理學稱之為「反事實思考」（counterfactual thinking）——你會不停想像「如果我做了不同決定，現在會不會更好」，這讓你即便選對，也不快樂。

社群媒體加劇了這個現象。你選擇出國旅遊，卻在 Instagram 上看到朋友住更好的飯店、吃更美的餐廳，明明旅程愉快，卻因比較而降低滿意度。這不是旅遊的問題，而是我們被教育成「選最好才是成功」。

第四章　恐懼的代價：當感覺取代了判斷

> 如何降低選擇帶來的後悔感？

第一，預先設定選擇標準。讓你在選擇前就知道哪些是最重要的條件，而非每次都重新評估。例如選筆電時就設定「效能高、鍵盤舒服、預算3萬內」，這樣可避免被其他吸引力干擾。

第二，練習「足夠就好」思維（satisficing），而非「挑到最好」（maximizing）。選擇不是尋找完美，而是找到滿足基本需求的解方。

第三，設定決策時限。不是要你草率決定，而是避免「選擇時間越長＝期待越高＝失望越重」的負向循環。

第四，做出選擇後就停止比較。刻意不回頭檢查其他選項、不關注競品更新，讓心理從選擇模式進入「使用與體驗」狀態。

選擇本應是自由的象徵，但在資訊過載與社會競爭的夾擊下，卻成了心理壓力的來源。選擇障礙不只是行為拖延，更是一種文化性焦慮。當我們願意從「選最好」轉向「選適合我現在的狀態」，後悔就會慢慢鬆手，讓我們真正開始享受選擇本身的力量。

## 第四節　你以為是理性，其實是情緒的報復

> 消費不是補償，是宣洩

你是否曾在分手後買下一雙昂貴的鞋子？或者在職場被批評後大吃大喝，刷卡買下平常根本不會考慮的物品？這些行為

第四節　你以為是理性，其實是情緒的報復

被統稱為「情緒性消費」，但更精確地說，這其實是一種心理上的「報復反應」——向外部事件報復、向他人報復，最終則演變成向自己報復。

行為經濟學稱此為「補償性決策偏誤」，即當人面對無法控制或無法修復的挫折時，會在其他可控的領域中尋求情緒平衡。消費，是最快、最簡單、最直接的平衡方式。你不能改變上司的臉色，但你可以馬上下單一件名牌襯衫；你不能讓前任後悔，但你可以買一臺新筆電讓自己看起來「過得很好」。

## 報復性消費的背後，是無法命名的情緒

在疫情解封後，「報復性出遊」、「報復性婚禮」成為流行語彙。乍看是為了彌補過去的限制，但從心理學視角看，更像是對「失去選擇權」的報復。人類對失控感具有極強的不適，當我們經歷封鎖、取消、延宕，會透過擴張行為來「平衡過去的缺席」。

這些報復性消費往往帶有一種「我要證明我沒被打敗」的語氣，但弔詭的是，它並不能真正修補缺憾，只會讓情緒獲得短暫出口，卻留下長期的財務後果。例如 2022 年某國境外旅遊重啟後，平均旅費比 2019 年增加 32%，但據旅遊業者反映，消費者對行程的滿意度反而下降。這就是「期待膨脹＋情緒補償」導致的反高潮效應。

第四章　恐懼的代價：當感覺取代了判斷

## 為什麼消費後反而更空虛？

心理學中有所謂的「享樂適應」(hedonic adaptation)，指的是無論獲得什麼好處，人的情緒都會在短時間內回到原來的基準線。也就是說，你買了新包包後的快樂，不出兩週就會消退。

而補償性消費的問題在於，它來自「情緒性預期」——你希望這個物品能改變你的心情或現況。但當現實無法配合這份期待，情緒落差便加劇，讓人更失落。這是一種反高潮效應（post-peak dip）：你期待愈高，失落愈深。

而當這種空虛出現，人們又可能再度以消費填補，進入「情緒→消費→空虛→再次消費」的惡性循環。

## 補償不該用金錢來完成，情緒不該靠購物來解決

你應該問的問題不是「我買得起嗎？」，而是「我為什麼現在想買？」。補償性消費之所以隱蔽，是因為它常常偽裝成獎勵或慶祝，例如「我這週很辛苦，應該對自己好一點」、「難得發年終，買一個值得的禮物」——這些說法沒錯，但關鍵在於：「這真的是我想要的嗎？還是我需要它來掩蓋某種失衡感？」

情緒需要被處理，而不是被花掉。真正的情緒處理應該是陪伴、表達、轉化，例如找朋友傾訴、寫下感受、運動紓壓等。這些方式不只更具可持續性，也不會留下額外財務壓力。

## 第四節　你以為是理性，其實是情緒的報復

> 如何識破情緒性報復消費？

第一，練習「問三個為什麼」：當你想買東西時，問自己為什麼現在想買？為什麼覺得值得？為什麼是這一件？能連續回答三個「因為……」再決定，往往能濾除情緒驅動。

第二，標記高風險時刻：每個人都有容易情緒波動的時間點——加班後、與人爭吵後、收到負評後。事先標記這些情境，提醒自己「現在不適合做購物決定」。

第三，設立「冷卻緩衝期」：任何非生活必需品購買前，至少延遲 24 小時再決定，給大腦時間重啟，避免情緒占據主導。

第四，找出非金錢的補償方式：例如把想買的錢拿去儲蓄帳戶，命名為「穩定基金」；或寫下「我願意照顧自己的證據清單」，將焦點從物品轉回自身行動。

我們每個人都會在脆弱時，想用錢來證明自己沒問題。但若我們每一次痛苦都用刷卡來處理，最後只會多了帳單，少了真正的療癒。情緒值得被正視，而不是被打包在一個包裹裡，交給快遞員。

第四章　恐懼的代價：當感覺取代了判斷

## 第五節　焦慮是最強的購物推力

### 當內心不安時，購物成了麻痺焦慮的止痛藥

你是否有過在等醫院報告前忍不住上網購物？或者在加班壓力大到喘不過氣時，突然刷了幾件平常不會買的衣服？這不是單純的「放鬆」或「療癒」，而是你正在用購物緩解焦慮。

焦慮是一種無形的壓力來源，難以具象處理，因此人類天生傾向轉移焦點，把控制權放到「看得見、做得了」的事情上。購物正是其中一個最簡單且可立即執行的行為。你能選擇、能點選、能付款，能在不確定的生活中創造短暫的確定感。

心理學家指出，焦慮型消費是「對未來無法預測感的心理抵抗」，消費並不能解決焦慮的根源，卻提供了一種自我掌控的假象。

### 焦慮不只驅動購物，還讓你買錯東西

焦慮狀態下做出的購物決策，常常是倉促、不理性、甚至帶有反常動機的。像是買了一堆健身器材來對抗健康焦慮，買名牌包來遮掩財務焦慮，甚至在房價波動中搶購預售屋，源於對未來的不安全感，而非真實需求。

這類「焦慮導向購物」的特徵是：不在計畫內、動作迅速、帶有強烈「我必須現在處理」的情緒。事後常伴隨懊悔、否認與金錢壓力，卻因為焦慮未消失，再度進入下一波購物循環。

## 第五節　焦慮是最強的購物推力

更糟的是，焦慮會降低資訊處理能力，使人更容易受到廣告話術、網紅推薦、限時優惠所影響。這也是電商平臺在重大事件、災難、政治不安時反而下廣告重本的原因之一──因為那正是消費者最容易「想買些什麼來穩定自己」的時候。

### 疲勞與焦慮的連動：為什麼愈累愈會亂買？

焦慮常與疲勞同時出現，尤其是心理性疲勞。研究發現，睡眠不足與長時間高壓工作會降低前額葉功能，使人更依賴情緒系統做判斷，從而導致衝動消費。

也就是說，當你在凌晨一點滑手機下單，並不是你特別想要那個東西，而是大腦已無法再分析「這是否需要」。你想解決的不是購物清單，而是腦中無法停止的焦慮循環。

這也是為什麼許多網購平臺會選在深夜推送「限時驚喜」、「午夜閃購」等活動──因為那是你最焦慮、最疲憊、最缺乏防禦力的時刻。

### 焦慮型消費的背後，是自我安撫的錯誤腳本

大多數人並非不知道自己在亂買，而是無力阻止。因為在長期高張情緒下，大腦會建立一套「購物＝舒緩」的自我安撫腳本，像是條件反射。一遇到壓力，就自動開啟購物平臺或前往便利商店掃貨。

## 第四章　恐懼的代價：當感覺取代了判斷

這種慣性如同心理學上的「操作制約」：行為（購物）後立即得到回饋（短暫快感），就會被大腦記憶為可重複行為。但問題在於，這只是延後處理焦慮的時間，並未真正解除根源，甚至累積更多副作用。

### 如何對抗焦慮驅動的購物衝動？

第一，創造替代行為：當你意識到想要購物的衝動出現時，立刻轉向另一項「可執行且具體」的行動，如散步、寫字、冥想、做伸展操，建立替代迴路。

第二，建立「焦慮日誌」：記錄每天焦慮指數、出現時間、具體誘因與消費衝動強度，能讓你更快察覺「原來我不是想買，是在逃避情緒」。

第三，善用技術限制：將購物 App 移出主畫面、關閉推播通知、設定強制延遲付款機制。不是為了禁止購物，而是創造中斷時間讓你反思。

第四，與人分享焦慮而非花錢解決：主動聯絡朋友、寫信給自己、參與支持社群，讓「情緒處理」從消費外移回人際與情緒互動。

焦慮不會因為多買一件衣服就消失，但它可能會因為你多等三小時、多走五分鐘、多說一句話而緩解。學會辨認焦慮的語言，是從「買東西穩定自己」走向「照顧自己」的起點。

## 第六節　太怕錯過，就會不斷買錯

> FOMO 效應：你不是想買，是怕錯過

每當你看到「限量」、「倒數」、「最後一天」的訊息，是否感到一股焦急？你或許不是特別需要那個商品，只是無法忍受「別人有而我沒有」的感覺。這種心理反應被稱為「FOMO」（Fear of Missing Out）──錯失恐懼症，是行為經濟學中最被廣泛利用的購物操控工具之一。

人類天生害怕被排除在機會之外。當某個選項被標示為「獨家」、「只有會員能買」、「限時」，它的價值立刻在我們的心理中被放大。不是因為它本身好，而是因為它可能會「不見」。我們錯估的是損失，而不是價值。

> 錯過的恐懼，讓你做了錯誤的選擇

錯過的恐懼不僅驅動購買行為，更會讓你做出違背原本理性判斷的選擇。研究顯示，在設有時間壓力與庫存限制的情境中，消費者做出錯誤決策的比率提高 62％。這不是因為資訊不足，而是來自心理壓力下的失衡。

當你怕錯過，就會降低風險評估能力，不再考慮品質、價格、使用情境，而只想「先搶到再說」。這也是為什麼搶購活動

後的退貨率特別高，因為人們買下的是「減少焦慮」的手段，而不是商品本身。

### 「最後機會」其實不斷重演：偽稀缺性的循環設計

許多電商平臺、品牌網站與旅遊平臺，會重複設計「倒數」、「最後席次」、「已售 90％」等偽稀缺機制。這些訊息雖然真假難辨，卻足以讓人產生心理緊迫感。

更甚者，某些商品在頁面上寫著「活動只到今晚 12 點」，隔天卻又換一個活動名目重新上架。這不僅是技術手法，更是一種認知疲乏策略——當你習慣這種循環，將難以辨別哪些是「真的機會」，哪些只是「行銷話術」。

錯失恐懼因此變成一種預設狀態，讓你隨時都處於「要趕快決定」的壓力中。這種壓力最終導致不是行動力提升，而是判斷力退化。

### 比起錯過，我們更害怕「成為錯的人」

更細緻的心理層面在於，我們害怕的其實不是錯過東西，而是「被看成落後、落單、不懂趨勢的人」。FOMO 效應的背後是「社會比較焦慮」——在社群媒體時代，我們不只看到商品，也看到別人正在享受它。

朋友分享搶到演唱會門票、限量聯名鞋、早鳥票、NFT，

第六節　太怕錯過，就會不斷買錯

你感受到的不只是羨慕，而是「我沒有跟上」的自我懷疑。於是購買行為從滿足需要，轉化為「確認自己沒有被淘汰」的社會訊號表達。

行為經濟學家丹・艾瑞利（Dan Ariely）形容這種狀態為「社會證明焦慮」，當身邊的人都做某件事時，我們不再評估它值不值得，而是為了不顯得落後而參與。

## 如何從 FOMO 轉向 JOMO？

JOMO（Joy of Missing Out）是一種主動選擇不參與的心理狀態，代表你可以在不焦慮的情況下說「不需要」，並從中獲得滿足。建立 JOMO 心態，有幾個具體策略：

第一，練習「價值比對」而非「損失比對」：在購物前問自己「這個產品對我現在的生活有什麼價值」，而不是「如果我沒買會不會後悔」。

第二，關閉推播通知與限時廣告：移除 FOMO 觸發點，是建立清晰判斷力的第一步。

第三，建立延遲清單：把想買的東西記錄下來，設計一個「七日冷卻期」再決定。很多你以為非買不可的東西，其實過幾天就不想要了。

第四，用「缺席感」練習獨立感：每一次看到別人炫耀購買戰利品或參與活動，提醒自己「這不是我的缺席，而是他們的參

第四章　恐懼的代價：當感覺取代了判斷

與」，你可以選擇不一樣的快樂形式。

當我們不再因為錯過而焦慮，就能開始為自己做選擇。買不買、去不去、跟不跟上，都不再是焦慮題，而是價值選擇題。錯過不是失敗，而是成熟。

## 第七節 「比較別人」的習慣，正在消耗你自己

### 社群媒體是無止境的比較舞臺

你有沒有過這樣的經驗：打開 Instagram，看到朋友旅遊、升遷、買新車，明明本來心情不錯，卻突然覺得自己哪裡不足？這不是個人的脆弱，而是被設計好的社會心理機制正在發揮效應。

在行為經濟學中，這種現象稱為「參照依賴」(reference dependence)，也就是人們的滿意感與價值評估不是依據絕對狀態，而是相對他人。你不是因為「沒買房」而焦慮，而是「看到朋友買了房」才產生不滿。

這種比較不只影響情緒，還會深刻影響消費決策。當我們無意間以他人的生活樣貌作為「標準」，我們就會開始購買不必要的東西，只為了達到「看起來也不差」的心理平衡。

## 第十節　「比較別人」的習慣，正在消耗你自己

### 比較不是參考，是隱形的壓力

社會比較原本是生存策略的一部分：我們透過觀察他人學習行為、避免錯誤。然而在資訊爆炸的時代，這個機制過度活化。演算法會將「看起來比較好的人」推送給你，形成一種「精緻生活幻覺」，讓你產生落後感、壓迫感，甚至自我貶低。

例如：當你看到朋友使用某個保養品牌，就會懷疑自己是否用錯；當大家都在轉貼理財心得，你會懷疑是不是應該也趕快進場投資。這不是理性分析，而是比較驅動的焦慮反應。

心理學家費斯廷格（Leon Festinger）提出「社會比較理論」，指出當人們無法依靠客觀標準判斷自己時，會傾向依賴與他人的比較。而在網路世界中，「他人」是被包裝與剪輯過的版本，讓我們的自我認知在不知不覺中被扭曲。

### 為何比較會讓你更窮？

比較的代價不只是情緒疲憊，更會轉化為不必要的開支。這種現象被稱為「競爭性消費」（competitive consumption），即為了追趕他人的生活樣貌而增加非必要消費。

從名牌包、精品咖啡、健身會員到親子課程，這些商品與服務背後都藏有一個潛臺詞：「擁有它，代表你沒有被淘汰。」一旦我們把購物當成維持自尊與社會地位的工具，消費就不再是需要，而是焦慮的出口。

## 第四章　恐懼的代價：當感覺取代了判斷

根據金管會統計，近年來臺灣整體信用卡循環信用餘額逐步攀升，顯示以信用方式延後付款的現象日益普遍。雖無針對30歲以下族群的利息統計，但金融業者與市場觀察皆指出，年輕世代對於「先買後付」的接受度顯著提高。這種傾向反映出一種逐漸盛行的「超前滿足」消費行為，而驅動這類決策的背後，不僅僅是個人欲望，更與社群壓力與同儕比較的心理機制密切相關。

### 如何從比較中抽離？

第一，重建個人基準：每天寫下「我今天完成了什麼」、「我最感激什麼」、「我最滿意的選擇是什麼」，讓自己回到個人軸線，而不是他人評比。

第二，刻意限制社群曝光：關閉推薦貼文、取代滑手機的時間，例如閱讀、散步、寫筆記。不是逃避，而是創造心理空間去聽見自己的聲音。

第三，設立「自我參照目標」：與其問「我跟別人比怎麼樣」，不如問「我比上個月的自己進步了什麼」，讓比較從外部轉向內部。

第四，建立價值清單：寫下你認同與實踐的價值（如簡單生活、家庭關係、財務穩定），當遇到想購買某物時，問自己：「這符合我的價值嗎？還是只是想跟上他人？」

第八節　追求「夠好」就好，不需要「最划算」

當你從比較中抽離，才會重新找到自己生活的節奏。消費應該是為了滿足自己的需求，而不是用來填補別人的標準。你不是要活得像誰，而是要活得像自己。

## 第八節　追求「夠好」就好，不需要「最划算」

### 為何我們總想找到「最完美的選擇」？

你是否常常陷入這樣的心境：覺得自己的選擇還不夠好，應該再多比較幾家、多問幾個人，甚至多等幾天等特價？這樣的心理，不是理性，而是「最佳化焦慮」在作祟。

行為經濟學將這種傾向稱為「最大化者」（maximizer）：一種試圖找出最理想選項的強烈欲望，導致不斷拖延決策，並在事後容易感到後悔或懊惱。與之對照的是「滿足者」（satisficer）——他們尋求「夠好就好」的解答，反而更滿足。

最佳化焦慮不只是選擇困難的延伸，而是一種「怕錯失更好方案」的慢性心理消耗，讓人把大量心力花在「追求更好」，卻忘了什麼才是「真正需要」。

### 「划算」的迷思，讓你買了不該買的東西

許多消費者誤以為追求「最划算」就是理性，其實是「心理帳戶扭曲」的結果。你買了一臺功能很多的家電，卻只用了兩個

## 第四章　恐懼的代價：當感覺取代了判斷

功能；你選擇買一送一的洗髮精組合，明知道一年內根本用不完，這些都是「划算感」戰勝了「實際需要」。

經濟心理學研究發現，「折扣標示」與「價格比較」會誘發大腦中的獎賞迴路，使人過度專注於「得到多少」而非「是否需要」。而一旦腦中認定這是「機會價」，就會產生一種錯覺：如果不買，等於損失。

這使得我們追求「價格最佳」，卻失去「生活平衡」──家中堆滿用不到的便宜貨，時間花在比價與等待，卻少了對品質與適配性的注意。

### 「夠用」比「最佳」更難，也更需要勇氣

社會文化鼓勵「精明消費」與「聰明比價」，但很少人鼓勵「誠實面對自己的需要」。承認「這個商品我只需要最簡單功能」好像代表自己不夠進步；接受「我買這個只是因為習慣」好像不夠聰明。

但事實上，能夠定義什麼是「對我來說夠用」，正是自主消費的起點。這意味著你不再受制於行銷設計、不再被他人期待所操控，而是重新掌握選擇的主導權。

例如：選擇一款中階手機，並不代表你低階，而是你明白自己對攝影、遊戲、效能的實際需求；放棄買三件只為達滿額的衣服，是你理解「衣櫃飽和」的重要訊號。

> 如何從「最划算」轉向「剛剛好」？

第一，建立「需求對照清單」：每次購物前列出你真正的需求點，強迫自己用需求對照商品，而非商品對照優惠。

第二，評估時間成本：你花了多少時間比價、等待、折扣計算？這些時間是否真的為你帶來更好生活體驗？

第三，擬定「使用回顧」機制：每次購物後一個月回顧「我真的有用到嗎？使用頻率如何？」讓自己更誠實面對實用性。

第四，找回「夠好感」：提醒自己：「夠用」不是妥協，而是一種成熟判斷。你不是買最便宜，也不是買最多，而是買得剛剛好。

當我們願意從「最划算」的迷思中抽身，才會發現生活的真正品質來自適切，而非極限追求。放下完美主義，是給自己一個更從容的選擇權。

## 第九節　便利與快速，其實讓你更失控

> 效率不等於掌控，反而可能剝奪思考

你是否有過「本來只是想查一下商品資料，結果三分鐘內就下單付款」的經驗？在這個一鍵購物、臉部辨識付款、自動補貨推薦的時代，便利性似乎成了最高美德――但這份便利，也讓

## 第四章　恐懼的代價：當感覺取代了判斷

我們逐漸失去了「思考與選擇」的空間。

心理學家司馬賀（Herbert Simon）指出，決策需要時間與注意力，是「稀缺資源」的一種。然而在數位消費環境中，這些資源被平臺設計刻意壓縮：從演算法推薦，到自動填入信用卡資料，再到預設續約機制，目的就是降低你「停下來想一下」的可能。

這種便利，讓你以為自己更有效率，實際上卻讓你失去了「可控性」。你不是選擇了購物，而是被流程推著走完。

### 自動化機制加速「無意識消費」

信用卡綁定、App 小額付款、訂閱制、自動續費、智慧貨架……這些設計初衷是方便，卻也讓消費者逐步失去對金錢流向的感知。你不再「花錢」，而是「被扣款」；不再「決定購買」，而是「任其持續」。

根據 2023 年的一份統計，約 47% 的訂閱用戶忘記自己開通了多少服務，每月平均流失支出約達新臺幣 650 元。這不是消費問題，而是注意力管理的失效。

當一切都設計為「不需決定，只需接受」的狀態時，你將無法察覺哪裡真的值得花、哪裡其實可以省。便利的邏輯，逐步偷走了你的財務感知力與自我覺察力。

## 第九節　便利與快速，其實讓你更失控

### 快速決策讓你更衝動，也更容易後悔

人類大腦在面對時間壓力時，會優先啟用「系統一」（直覺系統），而非「系統二」（理性分析系統）。這種模式原本用於緊急避難情境，卻在現代數位商業中被誤用為「決策加速器」。

例如倒數計時、彈出通知、「只剩兩件」等設計，都會誘發你立刻採取行動。在這樣的情境下，你根本沒時間停下來問：「我真的需要這個嗎？」而一旦行為完成，大腦又會傾向合理化購物，直到帳單來才開始後悔。

這樣的循環讓人以為自己是高效率消費者，實際上卻是不斷被推著跑的「流程使用者」，毫無主導權。

### 慢下來，才是新的高效

真正的效率，是在確定自己的需要後快速行動，而不是「不假思索的快速選擇」。慢下來，不是浪費時間，而是創造真正的控制力。

第一，練習「兩步驟確認」：不論是在超商、自動販賣機或電商平臺，所有非生活必需品都設一個「暫緩區」，例如放入購物車但不立即結帳，24小時後再審視。

第二，定期「回顧帳單習慣」：每週花十分鐘檢視自動扣款、App消費與平臺訂閱內容，標記哪些其實不再需要。

第三，建立「決策阻力點」：刻意保留一個讓自己多思考的

## 第四章　恐懼的代價：當感覺取代了判斷

步驟，例如關閉快速結帳、移除信用卡綁定、將常用 App 移出主畫面。

第四，將便利變為策略而非預設：詢問自己「這個流程的快速，是為我方便？還是為了平臺得利？」重設使用者角色認知，才能奪回主動選擇的感覺。

便利並非敵人，快速也不是錯，但如果這一切讓你失去了選擇的過程與意識，那你可能只是在按鍵中逐漸遠離自己。慢一點，不是落後，而是重新確認「我為什麼選這個」的能力。

## 第十節　買了安全感，卻更焦慮

### 安全感不等於商品數量

你是否有過這種經驗：囤積衛生紙、買多組乾糧備用、儲備多種藥品與口罩，只因為「怕哪天用不到」？這不是理性備貨，而是一種「焦慮型安全感追求」，當中隱藏的是對不確定性的恐懼。

心理學家羅伯特‧艾普斯坦（Robert Epstein）指出，安全感是對未來的掌控預期，而非真實資源的累積。但在消費文化中，我們將安全感外包給「物品數量」，以為「擁有多，就等於安全」。這種錯覺讓人誤以為可以用購物取代內在穩定感，結果是越買越沒安全感，越囤越不安。

## 第十節　買了安全感，卻更焦慮

> 預期焦慮讓你購物「防萬一」，
> 卻從不盤點「現在是否真的需要」

在行為經濟學中，「預期焦慮消費」是一種高度情緒驅動的行為。人們在面對未知風險時，不是評估實際需求，而是過度模擬「最壞情況」。這會引導你做出非理性備用消費。

例如：2021 年某次媒體誤傳停水計畫，導致大量民眾搶購瓶裝水。實際上大多數人家中並不缺飲水資源，但焦慮的心理投射強迫他們透過「購買行為」來平息內心的不安。事後這些水成了囤積品，有的甚至過期浪費。

這正是焦慮型購物的特徵：消費不是出於需要，而是為了控制情緒。你不是在做準備，而是在做安撫。

> 消費越多，責任越重，焦慮未減反增

更諷刺的是，購物本應帶來安心，但當物品變多，你的責任也變多。家中空間被壓縮、物品需要管理、儲存與更新成本提升，反而讓人更焦躁。

心理學研究者蓋兒·斯特凱蒂（Gail Steketee）指出，過度囤積會造成「環境控制感下降」，讓人對自己的生活場域失去信心，這種失序反過來加劇不安全感與焦慮。

許多讀者以為「囤積是省錢」，實際上卻可能增加替代品浪費與衝動消費。你囤的不只是物品，還有無止境的風險想像。

## 第四章　恐懼的代價：當感覺取代了判斷

> 如何重建內在安全感，不靠刷卡實現？

第一，區分「可能」與「真實機率」：問自己「這個狀況真的有 80％ 會發生？還是只是不安的想像？」將情緒從事實中抽離，是處理焦慮的第一步。

第二，建立「用途明確的儲備習慣」：例如只存一個月用量的耗材，建立定期盤點制度，避免重複購買或無意識囤積。

第三，轉向「行動安全感」：與其靠東西填補焦慮，不如學習一項技能（如簡易急救、理財規劃、居家修繕），這種「能做什麼」的感受比「有什麼」更穩定。

第四，練習「讓空間說話」：每當你想再買一樣備品時，看看自己的收納空間是否已滿、是否已有功能重複的物品，將空間壓力轉為消費提醒。

真正的安全感來自於明確、適量、可控，而不是大量、氾濫與臨時性的情緒緩解。當你開始用減法重建秩序，內心的穩定感才會真正在物品之外慢慢生成。

# 第五章
## 時間錯位：
## 你為什麼永遠拖延？

第五章　時間錯位：你為什麼永遠拖延？

# 第一節　折現率：時間心理學的經濟應用

## 眼前的誘惑：為什麼我們難以等待？

　　我一直以為自己不是個會拖延的人，直到那張延宕了三個月的健檢報告回覆信，一直躺在桌上未拆。不是我不在意健康，而是總覺得「明天再處理就好」，甚至還告訴自己，明天的我應該會比較有餘裕去看懂那些專有名詞。這種「未來會更從容」的想像，其實是一種極具誤導性的心理折現。我們對於延後的好處與延後的風險，總是高估前者、低估後者，導致我們在當下做出不利長遠利益的選擇。這不是意志力薄弱，而是人類大腦對時間回報的直覺本就不理性。這種偏誤早在行為經濟學者喬治‧安斯利（George Ainslie）的理論中被稱作「超額折現」（hyperbolic discounting），他發現人們越接近「回報發生時間」，就越容易做出衝動選擇，也就是我們常說的「先享受、再說後果」。

## 折現率是什麼：從經濟模型到日常選擇

　　經濟學裡有個概念叫做「折現率」，原意是換算未來金錢到現在價值的參數，但在心理學中，它早已演變成一種行為傾向的測量方式。越是無法忍受等待，越傾向選擇眼前小利而非未來大利的人，折現率就越高。舉例來說，如果你寧可今天拿到950元，而不要一年後的1,000元，那你隱含的個人折現率大約

第一節　折現率：時間心理學的經濟應用

是 5.26％。看似是一個理性計算，但實際上多數人在這種選擇中反應的是情緒、風險感知與時間想像的混合。像是在購物網站看見「限時 3 小時折扣」就忍不住下單，或是在看到儲蓄帳戶利率只有 1％時就立刻放棄定存，這些行為都透露出我們面對「時間」時的焦慮與短視。我們不是不知道未來可能更好，而是那個「未來的自己」，對現在的我們來說其實很陌生，甚至缺乏情感連結。

## 未來的自己是陌生人：腦科學如何解釋我們的短視

心理學家哈爾・赫什菲爾德（Hal Hershfield）的研究曾指出，當人們被要求想像未來十年後的自己時，大腦活躍的區域，竟然與我們在思考陌生人時是相同的。這也解釋了為何我們很難為了五十歲的自己做出三十歲時的節制行為。我們的決策常常並非建立在理性評估上，而是建立在對「時間距離感」的錯覺。從神經影像研究來看，當人們想像未來自己時，活躍的是背內側前額葉皮質（medial prefrontal cortex）與側顳葉等區域，這些區域與他人推理或角色想像相關，而非自我處理區域。這也使我們在做關於未來的財務、健康或職涯規劃時，容易高估現在的壓力、低估未來的風險與回報，進而採取行動拖延或選擇逃避。這類心理距離，也被社會心理學歸類為「時間折射誤差」（temporal construal error），當未來離我們越遠，我們的認知會越模糊、越理想化，卻也越不真實。

第五章　時間錯位：你為什麼永遠拖延？

> 降低折現率的策略：讓未來變得更貼近

那麼，我們有辦法改變自己的折現率嗎？答案是可以，但不是靠意志力。研究指出，降低折現率的關鍵在於「增加未來感」。具體來說，第一，透過「具象化未來」的方式，如寫信給未來的自己、觀看老年模擬照片，能有效降低時間距離感，提升對未來自我的責任感；第二，運用行為設計的策略，例如自動化儲蓄、設定預設選項與目標分期回饋，可以減少每次決策所需耗費的認知資源與自律成本；第三，強化即時回饋感受，比如設立「儲蓄成就徽章」、使用記帳 App 即時鼓勵機制，能讓延遲回報變得可見且有感。這些方式並非要讓我們變成理性機器，而是幫助我們與那個「未來的自己」建立真實的連結。如同行為經濟學者丹・艾瑞利（Dan Ariely）所言：「好行為不是靠決心，而是靠設計。」當你開始重視未來的自己，時間不再只是折現表上的參數，而是你生命中，值得投資的一個人。

## 第二節　為何你總覺得「明天會更有空」？

> 時間幻覺：為什麼總覺得「之後比較沒事」？

每次看到行事曆空白的週末，我總會安心地答應所有邀約、會議和計畫性工作。當下我真的相信自己「那週末會比較有空」。

## 第二節　為何你總覺得「明天會更有空」？

但當週末真的到來時，卻發現身心疲憊、雜務纏身，根本無法如期完成自己承諾的事。這並非孤例，而是一種心理學上稱為「規劃謬誤」（planning fallacy）的現象。由行為經濟學家康納曼與特沃斯基提出，這種謬誤說明我們天生會低估未來完成一項任務所需的時間與成本，並過度樂觀地預測執行力。換句話說，我們總認為「明天的自己」會更有效率、更少干擾、更願意投入努力，但事實往往不是如此。

### 時間預算的非對稱：未來總是看起來比較空

我們規劃未來時，往往以為未來是可以完整支配的「空白畫布」。這是一種「時間預算偏誤」。你可能會以為下週會比本週清閒，但實際上，下週的突發事件與今天不會有太大差別。心理學家 Roger Buehler 指出，這種時間預算偏誤源自於我們對未來的模糊想像，讓我們錯估情境壓力與內在動力的維持狀態。這也導致我們傾向把任何困難或不舒服的任務一再往後推，因為「之後比較有時間處理」這個說法聽起來太合理了。於是，未完成的提案、還沒整理的帳單，甚至該安排的健康檢查，一件件被塞進永遠滿載的「明天」裡。

第五章　時間錯位：你為什麼永遠拖延？

## 時間焦慮與延後機制：你不是沒時間，是以為未來可以彌補

很多人誤以為自己拖延是因為懶惰或缺乏動機，但實際上，這背後常常藏著一種「時間焦慮」。心理學家 Piers Steel 在他的研究中指出，拖延行為不只是習慣問題，更是一種與情緒管理密切相關的認知逃避。當我們面對一項看似困難或壓力大的任務時，短期情緒的調節優先於長期目標的實現。我們會尋找短期的舒緩方式，像是滑手機、整理桌面、甚至突然打掃房間，來取代面對真正需要處理的事情。因為「未來的自己」似乎還有彈性，我們就放心地把責任轉移出去，這讓現在的我們感到暫時的輕鬆，但其實是在用未來的焦慮換取眼前的安寧。這樣的心理模式在神經行為研究中，被認為與大腦內部的前額葉皮質與邊緣系統互動失衡有關，前者負責長期規劃與延遲滿足，後者則驅動情緒性選擇與即時回饋的欲望。

## 如何與「明天的自己」建立誠實關係？

解決這個問題的關鍵，在於讓我們停止相信「明天會更有空」這個心理幻象。我們可以從兩個層面著手：第一是預設壓力，而非預設順利。未來的自己不會更閒，只會跟今天一樣忙，甚至更忙。你需要在規劃任務時加入「不可預見干擾」的緩衝期，並認知到進度拖延是常態，不是意外。

第二是運用視覺化與分段機制，將任務拆解成具體可操作的小步驟，每完成一段就給自己一個回饋或休息，讓當下的你不會因為整體任務太大而啟動逃避機制。

　　第三是強化未來自我的情感連結，例如寫信給未來的自己、使用老化模擬工具觀察老年樣貌、或設定一個公開承諾機制，如社群分享目標進度，都能讓未來從抽象名詞轉化為具體個體。與其說是提高時間管理技巧，不如說是學習怎麼與那個「未來的自己」誠實合作。當你不再相信未來總是更輕鬆，你才能在當下真正動手做。

## 第三節　長期計畫總失敗的真正原因

> 理性與現實的鴻溝：計畫之所以容易擱淺

　　長期計畫之所以吸引人，是因為它允許我們在腦海中建構一個理想的未來模樣，並讓那個理想的自己成為努力的方向。但問題在於，我們通常過度高估自己的恆毅力，卻低估環境變化的干擾。心理學家嘉貝麗・厄丁頓（Gabriele Oettingen）指出，當我們陷入「正向幻想」（positive fantasies）時，大腦會提前釋放多巴胺，讓我們在還沒真正開始行動前，就已經獲得了部分成就感。這也使得我們對未來的計畫產生過度樂觀的期待，卻忽略了執行過程的疲乏、阻力與無聊。一旦現實中的回報沒

第五章　時間錯位：你為什麼永遠拖延？

有如預期出現，我們便很容易放棄整個計畫，進而落入「從頭來過」的循環中。

## 延遲回報的心理困境：為何堅持比想像更難？

堅持長期計畫的挑戰，在於我們的大腦並不擅長處理延遲回報。神經經濟學研究指出，與即時獎賞相關的大腦區域（如伏隔核）活性遠高於處理延遲回報的區域（如前額葉皮質）。這意味著，只要當下出現一個替代誘因，我們就會傾向選擇眼前的滿足，而非持續耕耘遙不可及的未來。這也讓多數人難以堅持閱讀計畫、儲蓄目標或健康管理，因為這些計畫的成果，往往在數週、數月甚至數年後才會顯現。即使知道它們值得投入，我們仍常常被短期情緒或外部誘惑所擊潰。

## 計畫的模糊性與自我期望落差

另一個關鍵問題是：我們的計畫往往太大、太模糊，或太理想化。像是「我想變健康」、「我想學會一種語言」這類目標，缺乏具體步驟與可衡量的進展，容易讓人產生挫折感。一旦進度落後，就會出現「期望落差效應」——即我們的表現不如預期時，對自己產生過度的負面評價，甚至完全放棄原有計畫。這也呼應了「全有或全無思維」的心理傾向：只要出現一點偏差，就否定整體努力。長期計畫因此淪為紙上談兵，在現實壓力下迅速瓦解。

## 第三節　長期計畫總失敗的真正原因

### 如何設計可以持續的計畫架構？

要讓長期計畫真正有效，我們需要從根本上改變計畫的設計方式。第一，應採用「WOOP 策略」(Wish, Outcome, Obstacle, Plan)，也就是在許願 (Wish) 與期待成果 (Outcome) 後，主動思考障礙 (Obstacle)，並提前擬定應對策略 (Plan)。這能避免我們過度沉浸於幻想而忽略風險。

第二，要將模糊目標具體化，例如將「健康」拆解為「每天快走 30 分鐘」；將「語言學習」轉化為「每天 Duolingo 打卡 10 分鐘」。第三，透過進度追蹤工具（如習慣追蹤器、成就日誌），讓目標進程具有視覺化回饋。這些方法不是為了增加控制，而是為了讓我們的大腦看見「成果正在累積」，進而產生堅持的動力。

### 真正的計畫，是容許彈性與失誤的結構

最後，要讓長期計畫不再成為壓力來源，而是內在穩定的節奏，我們需要放下「完美主義」，轉向「漸進式前進」的心態。允許自己偶爾出錯、不完美甚至中斷，並在每次偏移後重新啟動，才是真正能走長遠的關鍵。真正成功的長期計畫，不是從不偏離軌道，而是即使偏離也能回到原路。這樣的自我允許與彈性，才是計畫能活下來的養分。

第五章　時間錯位：你為什麼永遠拖延？

## 第四節　儲蓄為何無法帶來立即回饋？

### 理性與衝動之爭：儲蓄為何這麼難開始？

每個人都知道儲蓄很重要，卻很少人真正持續做得到。問題不在於我們不了解理財的重要性，而是在於儲蓄這件事幾乎無法提供任何立即的心理回饋。與消費相比，儲蓄是一種延遲享受的行為，缺乏觸覺、視覺與情緒上的滿足感。根據神經經濟學的研究，消費時大腦的獎賞中樞——伏隔核會被即時啟動，而儲蓄則主要仰賴前額葉皮質進行長期計畫與抑制衝動。換言之，儲蓄這種行為需要更高階的認知資源支持，而這些資源在壓力大、疲勞或焦慮時往往會先被挪作他用。

### 感受不到的成就：看不見的數字如何激勵人？

儲蓄最令人沮喪的一點，在於它的成果難以立即被感受到。你省下了今天的一杯咖啡錢，帳戶數字只增加了一百元，這種改變對大腦來說幾乎是無感的。心理學家史金納（B. F. Skinner）提出「操作制約理論」，指出行為是否會被重複，取決於回饋是否及時、明確。當儲蓄的成果需要數年後才能顯現（例如買房、退休、教育基金），中間過程又沒有明顯回饋時，行為便很難被強化。因此，即使明知道儲蓄有益，我們仍容易被短期的娛樂與即時的消費所吸引，導致原先的儲蓄計畫變得脆弱不堪。

## 第四節　儲蓄為何無法帶來立即回饋？

### 認知負荷與心理會計：為什麼我們更願意花錢？

心理學家理查‧塞勒（Richard Thaler）所提出的「心理帳戶」理論指出，人們會根據金錢來源與用途的不同，賦予它們不同的心理價值。例如年終獎金被視為「額外的錢」，因此更容易被用來消費而非儲蓄。加上現代生活節奏快速，許多決策都在認知負荷極高的情境下進行，使我們更傾向於選擇不需太多思考的選項。消費的決策通常較為直接且有情緒獎賞，而儲蓄則常伴隨著「剝奪感」、「犧牲感」與「延遲性」。當這些負面感受聚集時，就會產生排斥儲蓄行為的反應，即便我們理智上完全支持儲蓄的必要性。

### 設計回饋系統：讓儲蓄行為變得有感

為了讓儲蓄變得可持續，我們需要為這種延遲獎賞的行為創造即時回饋。這可以從幾個方向著手：首先是「視覺化進度」，例如使用圖表追蹤儲蓄目標，讓數字的變化具體呈現；其次是「分段獎勵」，將長期目標拆解為短期里程碑，並在達成時給予自我激勵；第三是「社會回饋」，透過社群或家庭分享儲蓄成果，讓心理認同成為行為強化的推力。這些設計並不是在改變儲蓄的本質，而是在創造一種「心理利潤」：即便金錢還沒實際產生價值，情緒上已經得到了滿足。

第五章　時間錯位：你為什麼永遠拖延？

> 從無感到習慣：讓儲蓄融入生活節奏

最終，讓儲蓄真正發揮效果的關鍵在於它是否成為生活的一部分，而非額外的負擔。我們可以透過「自動化儲蓄」讓選擇變成預設，像是薪轉後自動扣款至儲蓄帳戶，或將零錢轉入電子錢包儲蓄功能。此外，降低「選擇頻率」也是關鍵，當你每月只需決定一次儲蓄，而非每天面對是否花費的掙扎，行為的穩定性會大幅提升。這種穩定性不是來自強迫自己節儉，而是來自一種「無痛的規律」，讓儲蓄行為成為不需要意志力就能執行的日常。

## 第五節　投資「現在」的誘惑與罪惡感

> 當下偏好：為什麼我們總想立刻享受？

我們常說要為未來打算，但更多時候，當下的誘惑總是勝過未來的理性。這種「當下偏好」（present bias）在行為經濟學中被反覆驗證，它指出人們對於立即可得的事物有不成比例的偏愛，即便知道未來的選擇更有價值。當我們面對一場促銷、一個聚會、一項臨時的旅遊邀請時，大腦中處理獎賞的伏隔核會迅速活躍，而理性思考的前額葉皮質則常常來不及做出反應。這使得「投資現在」看起來不只是合理，甚至讓人感到快樂。然

第五節　投資「現在」的誘惑與罪惡感

而，這種快樂往往短暫，留下的卻是長期的壓力、後悔與財務焦慮。

## 心理帳戶錯置：當我們誤用未來資源

許多消費行為的決策，其實是對未來資源的預支。心理帳戶（mental accounting）理論顯示，人們會根據資金的用途或來源，將其分類，並賦予不同的使用正當性。例如：信用卡支付讓我們在心理上與「支出」產生距離，進而更容易花超過實際預算的金額。這也是為什麼「買一送一」、「無息分期」、「先享後付」這類方案特別具有吸引力，因為它們讓「現在」的消費成本看起來降低了。當我們將這些機制合理化為「投資自己」或「犒賞辛勞」時，其實正在誤用未來的心理資源，而非真正創造價值。

## 快感與罪惡感交錯：消費的情緒代價

當人們在消費後產生內疚感，這種現象被稱為「消費罪惡感」（consumer guilt）。這種情緒來自於消費後發現自己偏離了原本設定的財務目標、儲蓄計畫或價值信念。行為經濟學家提出，這是目標衝突的自然結果：我們一方面渴望立即滿足，另一方面又希望成為自律、有遠見的人。這種雙重目標的碰撞，不只影響財務，更會侵蝕自我認同。當我們重複這種模式，會

第五章　時間錯位：你為什麼永遠拖延？

逐漸內化成「我是個不會理財的人」、「我總是意志薄弱」等負面自我敘事，形成長期的心理負擔。

## 如何重新定義「當下的價值」？

與其一味否定投資當下的行為，我們應該學會重新定義它的內容。並非所有即時滿足都是壞事，關鍵在於我們是否有意識地選擇這個滿足，並將其納入整體生活結構中。例如：你可以設立「即時享受基金」，將每月收入的一小部分專門用於非理性但令人開心的消費，這不但降低罪惡感，也讓其他儲蓄與投資計畫不受干擾。或者，將「投資現在」轉化為更具有價值導向的行動，例如進修、健身、陪伴家人等，這些行為既能提供當下滿足，也具備延遲回報的潛力，真正實現當下與未來的雙重收穫。

## 當現在與未來不再對立：建立心理整合模型

真正的財務成熟，不在於完全犧牲現在以換取遙遠的未來，而是能將兩者納入同一套心理整合模型中。這需要我們不再把「立即享受」視為敵人，而是當作生活的必然一環，重點在於其比例、頻率與是否經過選擇。理性並非戰勝感性，而是協調分工。當我們能有意識地為自己設立一個同時看見當下與未來的心智模型，立即消費不再帶來罪惡感，儲蓄與規劃也不再是枯燥與剝奪感的代名詞。這樣的平衡，才是真正具備可持續性的財務韌性。

## 第六節　未來自己其實是個陌生人

### 時間距離與自我割裂：你真的關心未來的自己嗎？

當人們規劃退休、健康、學習或長期投資時，經常會出現一種「感覺不到的迫切感」。這種心理斷裂來自「時間距離」與「自我連結感」的斷層。前面提及，當人們被要求想像未來的自己時，大腦中活躍的區域與思考陌生人時相同，顯示我們對於「十年後的我」缺乏真實的自我認同。這種心理距離效應會導致行為上的拖延、儲蓄上的怠惰、以及健康規劃的放棄，因為人們天生較難為一個「陌生人」犧牲當下的舒適。

### 自我延展性不足：當未來的我被邊緣化

「自我延展性」（self-continuity）是指一個人對於未來自己的連貫感程度。延展性越低，個體越容易將未來的自己視為「另一個人」，而非現實中的自己延伸。當這種延展性不足時，會出現一種「未來規劃無效感」，也就是即便訂下目標，內在動機卻無法轉化為日常行為。行為經濟學將此視為一種「動態不一致」（time inconsistency），即理性與情緒之間在不同時間點上產生目標衝突，使得未來利益在當下被過度折現。

第五章　時間錯位：你為什麼永遠拖延？

## 折現不只關於錢，也關於認同

我們過去認為「折現率」只與金錢與回報相關，但其實它深層關聯到「自我認同的穩定性」。當一個人無法在心理上接納自己的變化歷程，那麼未來的自我就不具備可信賴性，也就很難成為行為的參照點。這種認同斷裂使得長期行為（例如學習語言、培養技能、進行儲蓄）被視為「無感」、「遙遠」、「不值得投入」。心理學家艾瑞克・艾瑞克森（Erik Erikson）在發展理論中提到，若缺乏穩定的自我概念，人生的決策將容易被外部情緒與短期壓力牽動，這種狀態會讓人不斷陷入計畫與行動的落差之中。

## 讓未來的自己參與現在的決策

面對這樣的心理斷裂，我們可以透過具體的視覺化與擬人化手段，強化與未來自我的連結。這包括書寫給未來自己的信、設計十年目標視覺板、或使用模擬老化照片的 App，讓「未來的我」從抽象想像轉為具體形象。研究顯示，進行過這類實驗的人在財務決策上更願意延遲消費，並增加儲蓄動機。此外，透過設定有里程碑的長期目標，並搭配短期可見的回饋，也能在「現在」創造「未來感」，使得自我延展性逐漸提高。

## 建構時間一致的自我模型

最終的目標，不是讓我們變得更有意志力，而是讓未來與現在的自我能夠對話並協調。我們可以建立一種「時間一致性模型」，將每一個今日的選擇視為未來角色的延伸行為。例如：在設立財務目標時，同時標出它對未來生活型態的具體影響；在選擇學習投資時，標示出它可能為三年後帶來的生活彈性。當我們不再只是活在「今天的感覺」，而是開始為一個「可信任的未來角色」負責，行動與意圖之間的落差將會逐步縮小，提升自我理解與時間感知能力。

# 第七節　拖延不是懶，是選擇成本太高

## 拖延的誤解：它不是意志力的缺席

拖延經常被誤解為懶惰或缺乏動力，但實際上，它更接近一種「選擇衝突」的表現。心理學家提摩西·派希爾（Timothy Pychyl）指出，拖延不是時間管理的問題，而是情緒調節的問題。當任務被認定為枯燥、困難或讓人焦慮時，人們傾向於逃避當下的不適，而選擇一個替代行為，例如滑手機、清理桌面、甚至安排不急迫的瑣事。這種行為並不來自於懶散，而是因為當下完成任務的心理成本太高，相對之下，延後的決策反而成為一種短期紓壓的手段。

第五章　時間錯位：你為什麼永遠拖延？

## 任務價值與即時情緒的拉鋸

根據行為經濟學的「期望值模型」，人們會根據一件事的預期價值與成功機率來衡量是否執行。但當任務與個人目標之間缺乏直接關聯，或任務本身報酬不明確時，內在動機便難以驅動行動。此外，若任務引發焦慮、自我懷疑或對失敗的預期，也會強化短期情緒的不穩定感，使大腦傾向選擇立即解除壓力的行為，像是娛樂、分心或逃避性規劃。這導致我們知道事情該做、也想完成，但始終無法啟動真正的行動。

## 認知負荷與啟動障礙：為什麼開始總是最難？

在執行任務的初期階段，個體往往面臨「啟動成本」過高的問題。當我們面對一個龐大或模糊的任務時，需要同時處理規劃、預測、選擇與組織等多重認知任務，使大腦處於高負荷狀態。這種負荷容易引發拖延的第一步——先處理「看起來比較簡單」的事務來分散壓力。例如明知道該寫報告，卻先去查資料、改簡報格式或清理信箱，這些都是「假裝有生產力」的逃避策略。拖延行為因此不斷強化：越晚開始，壓力越大；壓力越大，越難啟動。

第七節　拖延不是懶，是選擇成本太高

## 成本感知偏誤與時間價值的誤估

拖延也與我們對時間成本的感知有關。研究顯示，人們在面對不確定的任務時，常低估未來的時間需求，並高估當下的處理能力，這造成所謂的「規劃謬誤」。同時，由於未完成的任務會在心理上產生「柴嘉尼效應」(Zeigarnik Effect)，即尚未結束的任務會持續占據心理資源，這使我們在拖延中仍感到焦慮與負擔，卻又無法行動。這種矛盾進一步耗損能量，使得每一次選擇都變得更加困難，並強化未來對類似任務的抗拒與迴避。

## 拆解選擇成本，才能鬆動拖延循環

解決拖延的關鍵，不在於強迫自己立刻行動，而在於降低「選擇的心理成本」。這可以從幾個方向著手：第一，將任務拆解為低門檻的起步行動，讓「開始」變得簡單；第二，利用時間區塊與例行規律，使選擇不再每次都需重新決策；第三，將任務與個人價值連結，讓行動產生意義感，而非只是壓力源。當行動不再是一場心理壓迫，而是成為一種有方向感的過程，拖延自然就會減少。重要的不是永遠不拖延，而是讓每次拖延的代價變得可以被理解與調整。

## 第五章　時間錯位：你為什麼永遠拖延？

# 第八節　時間感知的扭曲與行動延後

### 心理時間不等於實際時間：主觀感受的錯置

我們常以為時間是客觀且穩定的，但事實上，人類對時間的感知深受心理狀態與環境因素影響。心理學家菲利普・津巴多（Philip Zimbardo）指出，不同人對時間的偏好與傾向（例如偏好過去、聚焦現在、展望未來）會顯著影響其行為選擇。當人們處於壓力、焦慮或無聊的情境中，時間可能被感知為拖延或壓縮，進而影響對行動緊迫性的判斷。這種時間感知的扭曲，會導致明明有足夠時間完成任務，卻錯誤地判斷為「來不及」，或反過來高估餘裕，導致行動一再延後。

### 未來的不確定性與延後效應

行為科學研究顯示，當未來變得模糊或不可預測時，人們更傾向於延後當下的行動。這種心理傾向源於風險迴避與選擇拖延的「戰術性保留」，即把決策延後到更有資訊、情況更明朗的時點。然而，這種等待的心理會無限延長，導致「預設未來會比較好行動」的幻想持續增強。長期下來，延後變成一種習慣性的應對策略，不再只是短期的選擇，而成為面對不確定性的慣性逃避。這種機制與「心理折現」密切相關，也使得個體在面對投資、儲蓄、學習等需要延遲回報的行為時，常常選擇延宕甚至放棄。

## 第八節　時間感知的扭曲與行動延後

### 當時間感變得破碎：任務感喪失與拖延無限循環

一旦時間的結構感被打破，人們對任務的掌握與執行力也會隨之瓦解。當日常節奏缺乏固定規律，或工作與休息時間混亂無序時，容易導致「行動邊界」消失，也就是不再清楚什麼時候該做什麼事。這種狀況下，任務被拖延不只是因為不想做，而是因為「不知道什麼時候開始做」這件事變得模糊。心理學家羅伊·鮑邁斯特（Roy Baumeister）曾指出，自我控制與時間結構密切相關，若失去時間節奏與階段性指標，人類的行為決策將出現混亂與遲疑。這也解釋了為何自由時間太多、無壓力時反而更難行動，因為缺乏清晰時間框架，行動延後就成了無法察覺的習慣。

### 「未來很多」的錯覺：時間擁有感與機會錯估

人們天生傾向高估自己對時間的掌控力，並低估外部環境對時間安排的干擾。這種錯誤預期導致「未來時間資源豐富」的錯覺，而這種錯覺是行動延後的心理根源之一。當人們認為「還有很多時間」時，會降低任務的優先性與必要性，從而錯過最適合的行動時機。行為心理學將這現象稱為「機會成本遺忘」（opportunity cost neglect），即人們在選擇延遲時，忽略了當下的時間也是一種資源投資。每次的延後，都意味著放棄一個潛在更有利的選擇，而這些累積起來的選擇錯誤，正是拖延最昂貴的成本。

第五章　時間錯位：你為什麼永遠拖延？

## 重建時間感，恢復行動力

為了修正時間感知的偏誤，我們需要建立一種更具結構性的時間使用模型。首先是透過「時間區塊法」讓每日行動有固定節奏，重建日常的行為邊界。其次，可使用「回溯式時間估算」，先從目標往回推算需要的時間資源，降低對時間寬裕的錯誤想像。第三，使用「微型任務策略」將大任務切成可在 15 分鐘內完成的小段落，讓心理上不再覺得時間不足。這些方法不只是管理時間，更是在修復我們對時間流動的直覺判斷。唯有當時間感恢復秩序，行動才有可能回到正軌，擺脫無限延宕的循環。

# 第九節　等待的痛苦與即時滿足的勝利

## 延遲的痛感：等待為什麼讓人這麼難熬？

等待本質上就是一種不確定的時間投資。在這段空白期間，我們感受不到回報，也無法確保結果是否值得。行為經濟學將這種現象歸因於「延遲懲罰」（delay aversion）：人類天生對延後的回饋感到焦躁與不安。心理學研究顯示，等待不只是時間的空轉，更是一種認知與情緒的雙重負擔。當我們無法預估等待的長度、結束的明確性，或成果的可得性時，腦中的警覺

第九節　等待的痛苦與即時滿足的勝利

系統會自動啟動,產生焦慮感、注意力分散與效能降低等連鎖反應。因此,在等待期間選擇即時滿足的行為,不只是逃避,而是大腦自然趨向降低不確定性的應變策略。

## 即時滿足的演化優勢與心理誘因

從演化心理學角度來看,即時獲得資源的能力,是一種生存優勢。在原始社會,機會稍縱即逝,等待可能等不到明天。因此,大腦發展出偏好眼前報酬的獎賞迴路,使我們在面對選擇時,會不自覺地偏向即刻獲得。這也解釋了為什麼我們容易被折扣、促銷、現成的食物與娛樂吸引,因為它們符合這條快速啟動的心理通道。神經經濟學研究指出,即時獎賞會刺激大腦伏隔核迅速釋放多巴胺,帶來短暫但強烈的快感,並對未來回報的冷靜評估區域形成抑制作用。這讓人們在等待期間更難堅守原本的選擇,而轉向立刻可得的替代品。

## 等待時間的心理膨脹：主觀時間比客觀更漫長

心理學家梅斯特（David Maister）提出「等待時間心理學」,說明人在等待過程中會因情緒狀態、資訊掌握程度與環境設計而產生不同的時間體驗。特別是「不確定的等待」——例如不知道候診要多久、不知道電商包裹何時送達——會比明確標示時間的等待更讓人焦躁。這種主觀時間的膨脹會導致人們在感知

## 第五章　時間錯位：你為什麼永遠拖延？

上高估等待所需的時間,使延遲回報的吸引力進一步下降,也讓即時選項顯得更加有利與可控。這種時間體驗的落差,是行為經濟學中「感知偏誤」的重要來源之一。

### 即時選擇的理性與非理性混合體

即時滿足並不總是壞事。在許多情境中,它能提供必要的心理調節、壓力釋放與行為激勵。例如小幅度的消費、自我犒賞、娛樂性活動等,都能暫時補償長期任務所帶來的心理疲憊。問題不在於即時選擇本身,而在於我們是否清楚它的長期代價與替代機會。如果即時選擇變成一種習慣性的反應機制,反而可能削弱延遲行為的價值認知,使我們漸漸失去對長期目標的耐心與忠誠。這種情況下,行動與意圖的落差便不斷擴大,讓人誤以為自己「沒有毅力」,實則是缺乏設計良好的等待環境與策略。

### 設計有意義的等待系統

為了讓延遲回報不再是純粹的痛苦,我們可以透過設計將等待轉化為有結構的體驗。首先是「具象化進度」:將長期任務切割為具體階段,讓每一段完成都有可見成果。其次是「訊息透明」,特別是財務與學習等長期目標,應透過回饋機制隨時更新現況,降低模糊性。再者,可以運用「預期情緒設計」——在等待過程中插入正向觸發點,例如定期檢視自己的進步記錄、安

排階段性小獎勵等，讓等待期間充滿成就感與掌控感。唯有如此，即時滿足才不會壓倒我們的判斷力，而是與長期目標共同存在於一個有彈性的選擇系統中。

## 第十節　怎麼讓未來的你感到現在的痛？

### 自我延遲的盲點：未來的自己不會記得今天的痛苦

　　大多數人在制定計畫時，都帶有一種不切實際的幻想：未來的自己會更有能力、更有紀律、更願意承擔責任。然而，這其實是一種心理學上的投射偏誤。我們高估未來的理性行為，低估當下的情緒狀態與誘惑壓力，導致很多重要的行動被無限延後。心理學家赫什菲爾德曾以 fMRI 研究指出，人們思考未來自己的大腦區域，與思考陌生人時幾乎重疊，這意味著我們對未來的自己並不真正產生同理與關懷。換言之，未來的自己，其實就像另一個人，而這個人，無法真實感受到今天的疲憊、猶豫與壓力。

### 折現行為的核心問題：痛苦轉移無法成立

　　經濟學上，時間折現的概念通常用來說明為什麼人們偏好即時回報而非延遲獲益。但行為經濟學補充指出，這個折現的過程並非單純的數學轉換，而是一種情緒性操作。當人們將某

第五章　時間錯位：你為什麼永遠拖延？

個困難的任務推給未來的自己時，實際上並沒有真正解決情緒與壓力，只是暫時將焦慮包裹起來、放到一個看似遙遠的時間點，藉此獲得心理喘息。然而，這種轉移並無實質效用，因為未來的那個「你」仍會用同樣的情緒機制來看待當下。結果就是拖延的循環不斷延續，每次的延遲都讓痛苦累積得更深。

## 未來預演與情緒想像：讓後果提前到來

為了破解這種轉移無效的心理模式，心理學家提出「未來預演」（future simulation）的概念。透過視覺化、敘事化與具體化手法，將未來的情境真實呈現，讓大腦在今天就開始體會明天的後果。這包括書寫未來失敗後的情境描述、錄下對未來自己的語音提醒，甚至使用科技手段如老化模擬程式來觀察自己五年後的樣子。這些做法的本質，是將未來的抽象壓力轉化為具體痛感，讓今天的行動有真實的情緒驅動力。換句話說，就是讓「現在的你」不再替「未來的你」做出輕率的選擇。

## 後果可見化：設計延遲行為的即時回饋

除了情緒預演，也可以透過行為設計來提前呈現延遲後果。例如設定違約懲罰、公開承諾，或將目標與他人利益連結，讓「不行動」立刻產生心理或社會成本。這種外部壓力會激活自我調節機制，使大腦在評估拖延時感受到真實風險。這並非強迫

### 第十節　怎麼讓未來的你感到現在的痛？

自己進步,而是幫助系統提前演算後果,讓未來失敗不再只是模糊的威脅,而是具體而可知的損失。這樣的設計不僅增加行為啟動的可能,也幫助人們建立與未來自我之間更有責任感的關係。

## 將痛感轉化為決策資產

人類的大腦雖偏好即時愉悅,但也具備對痛苦學習的強大能力。真正的時間智慧,不是壓抑拖延的衝動,而是學會使用痛苦作為行動的觸發器。我們可以透過記錄延遲行為的代價、追蹤失敗帶來的情緒波動,建立「失敗記憶庫」,讓這些記憶在下一次選擇中發揮作用。當我們把「曾經拖延而後悔的時刻」視為決策資產,並加以反覆回顧,就能將未來的教訓變成今天的參照,進而實現行為上的主動性。讓未來的你感受到今天的痛苦,不是為了懲罰,而是為了真正實踐當下選擇的意義。

## 第五章　時間錯位：你為什麼永遠拖延？

# 第六章
## 品牌的操控術：
## 不是你在選，是你被選了

第六章　品牌的操控術：不是你在選，是你被選了

## 第一節　品牌不是商標，是身分投射

### 品牌是你「想成為誰」的心理投影

我們經常以為品牌是一種外部辨識：一個標誌、一組顏色甚至一句口號。但從心理學與行為經濟學角度來看，品牌更像是一面鏡子──不是反映產品本身，而是反映使用者的內在渴望與社會認同。消費者選擇某個品牌，並不總是因為其功能優越，而是因為品牌能與自己的「理想自我」產生共鳴。這種「身分投射」現象，使得品牌的影響力遠超越產品範圍，它不只是你買的東西，更是你希望別人看到的樣子。心理學家卡爾・羅傑斯（Carl Rogers）的自我理論指出，當個體的理想我與現實我落差過大時，會產生心理焦慮，而品牌提供了一種快速修補這個落差的象徵工具。

### 品牌選擇不是自由，是文化框架下的行動

你以為你是主動挑選品牌，其實更多時候是被文化環境與社會語境引導。品牌之所以能「說服你」，往往不是靠硬廣告，而是透過植入你熟悉的文化脈絡中──明星代言、社群分享、潮流語言，這些都是文化共鳴的裝置。行為經濟學中的「社會認同偏誤」指出，人們傾向於模仿身邊人所選擇的事物，特別是在選擇眾多、資訊不對稱的情境中。我們並非完全理性地分析商

品 CP 值,而是下意識地選擇「社會上看起來對的選擇」。這讓品牌成為一種社會參照點,其意義來自於集體的共識,而非個人的分析。

### 消費不是買產品,是購買意義與情境

現代消費社會的關鍵變化在於:商品本身已不是消費行為的唯一主角。你買的不只是咖啡,而是某種生活態度;你穿的不只是球鞋,而是一種世代語言。這背後涉及「象徵消費」的概念,即消費不再是功能導向,而是符號導向。社會學者皮耶・布赫迪厄(Pierre Bourdieu)曾指出,消費品的選擇能反映與區隔社會階層,而品牌正是這種區隔語言的主體。當你選擇某品牌,其實是在向他人傳達某種資訊:「我屬於這群人」、「我懂這個文化」、「我配得上這個東西」。這讓品牌不再只是企業的資產,而成為個體與社會互動的媒介。

### 品牌連結的不只是你,而是你與他人之間的關係

品牌的心理價值並非獨立存在,而是嵌入在個體與群體關係之中。當我們購買某品牌產品時,往往也在預期他人的認可與共鳴。這種現象在「公共場域消費」中尤其明顯——比如在星巴克打開筆電、穿著名牌跑鞋上健身房、手持某牌手機拍照,這些行為的背後都帶有一種展示意圖。心理學上的「外在參照群體理論」指出,人們會根據自己想加入的社會群體標準來選

擇消費行為。品牌就像一張無形的入場券，使個體得以在某個文化圈層中被接納與辨識，這也是為何「Logo 越大，意圖越強」的說法在社會心理學中經常成立。

### 品牌是情緒裝置：你需要的不是商品，而是心理補償

最終，品牌之所以讓人著迷，不只是因為它漂亮或有名，而是因為它能「修補」心理層面的某種缺口。這可能是自我懷疑、社會比較焦慮、身分轉換的迷惘，或只是日常生活中的情緒波動。品牌提供了一種簡單卻有效的心理補償：當你感到失控，它給你選擇的掌握感；當你感到無力，它給你掌控形象的工具；當你感到不被認可，它給你加入社群的象徵。從這個角度來看，品牌其實不是在賣產品，而是在提供一種「穩定自我」的方式。你買的，不是東西，是你暫時想成為的那個人。

## 第二節　身分消費與階級焦慮的結盟

### 為何身分感與品牌緊緊綁在一起？

現代消費早已超越基本需求，進入「身分確認」的戰場。當人們透過品牌來強化自我認同，其實是將消費行為變成一種社會表演。這背後隱含的，不只是個人喜好，而是對「我屬於哪個階層」的焦慮回應。經濟學家托斯丹・韋伯倫（Thorstein Veblen）早在十九世紀末就指出所謂「炫耀性消費」（conspicuous consumption）現象，即透過可見的奢華消費來彰顯階級地位。到了今日，這種消費形式並未消失，反而更加隱晦而普遍。你不需要豪宅與勞斯萊斯，一杯精品咖啡、一次歐洲自助旅行、一支被社群認可的品牌唇膏，就足以成為階級語言的一部分。

## 當「我消費」變成「我焦慮」

身分消費的心理本質，其實是對「階級流動不確定性」的焦慮反應。尤其對中產階級而言，品牌消費不只是滿足，而是一種維持感：維持社交地位、維持自我認同、維持向上移動的幻想。在社會經濟流動性減弱、物價上升、職涯穩定性下降的年代，品牌消費被轉化為一種抵抗「階級滑落」的象徵策略。行為經濟學的「參照依賴理論」（reference dependence theory）說明了這種相對感知現象：我們的滿意程度，不取決於絕對所得，而來自與同儕的比較。因此，當他人擁有更多、使用更高階品牌時，即使我們本身並不匱乏，也會產生一種「被落下」的心理錯覺。

## 品牌結盟階級，讓消費變成表忠儀式

企業與品牌策略設計者早已深諳這一點。他們知道，品牌的價值來自它能劃分階層、組成社群。高階品牌從不主動向大眾靠攏，它們反而刻意創造距離與門檻，透過「限量」、

## 第六章　品牌的操控術：不是你在選，是你被選了

「預約」、「客製化」等策略，讓品牌的擁有者覺得自己「與眾不同」。這種設計使消費者為品牌本身「效忠」，而非僅止於產品功能。這樣的忠誠不是來自使用經驗，而是來自身分的認同。品牌，成為一種階級結盟的象徵物。這也是為什麼許多品牌不斷投資在所謂「品牌社群」上——讓消費者不只是顧客，還自願成為品牌的傳教者。

### 平價品牌的階級模擬與心理補償

即便是平價品牌，也不乏階級語言的設計。所謂「小資時尚」、「輕奢生活」、「選品生活」等術語，正是將有限預算的消費者，納入一種階級模擬的幻象中。這類品牌明白，大多數消費者買不起真奢侈品，但仍渴望品味與風格的認同，因此以「價格可接受、形象不妥協」為設計主軸，創造出讓人「看起來不像沒錢」的消費選擇。這不是欺騙，而是一種心理補償：用較低的經濟成本，取得較高的社會認同可能性。在這種結構下，品牌不再只是商品，而是通往社會階層的憑證。

### 消費中的階級語法：你買的是尊重，不是物品

在身分消費與階級焦慮的交織中，我們終將發現，品牌不再僅僅是商業現象，而是一套精緻的社會語法系統。你選擇什麼品牌，反映的不只是你喜歡什麼，更是你想與誰劃清界線、你希望誰能接納你。品牌消費，是一場持續上演的社會戲劇，

每一件商品背後，都藏著角色定位與關係排序。而當你走進商店、點開購物車、選擇哪個牌子、哪一個價位時，或許你以為你在挑東西，其實你在挑自己想被誰認可的版本。這正是品牌強大操控力的核心所在：它不靠洗腦，而靠你內心早已存在的渴望與不安。

## 第三節　打卡文化與品牌認同的強化

### 社群平臺如何變成品牌的放大器？

進入社群媒體時代後，品牌不再只是商業語彙，而是一種社交語言。當一個人打卡某家餐廳、po 出限量聯名商品，或在限時動態標注品牌名稱時，這不只是分享行為，更是一種「公開聲明」：我知道這個東西，我在這個文化裡！心理學上的「自我呈現理論」指出，人們在公共場域中會主動建構自己的社會形象，而社群媒體正是這樣的呈現平臺。品牌在這樣的環境裡，不再需要自己說話，而是透過用戶行為自然擴散，讓品牌價值被再生產並強化。

### 為何我們更在意「別人看到我買什麼」？

打卡行為的核心動機，並非單純記錄生活，而是進行自我定位。在品牌選擇與曝光中，人們不斷向外界傳達一種訊息：

第六章　品牌的操控術：不是你在選，是你被選了

「我是誰」、「我屬於哪個文化圈」、「我知道什麼正在流行」。這種由下而上的品牌建構，使得品牌形象不再掌握在企業手中，而是透過無數個人的選擇與行為建構起來。行為經濟學的「訊號理論」說明了這種現象：我們透過可觀察的消費行為，向他人發出某種信號，而這種信號的效果來自其可見性與可信度。打卡，就是一種低成本、高曝光的社會訊號工具。

## 被觀察的壓力，使品牌認同更穩固

人們在社群中不只是表達自己，也同時感受到來自他人的觀察與比較。這種「被觀看的意識」會強化個體的品牌忠誠度，因為選擇某品牌已成為個人形象的一部分。一旦公開認同某品牌，個體便傾向持續維持這種認同，以避免出現「自我不一致」的認知失調。這也使得社群中的品牌認同不容易動搖，反而在重複曝光與互動中愈發穩固。品牌方則藉此培養出一群「自發性擁護者」，無需額外激勵，就能自動進行品牌維護與推廣。

## 社群演算法與品牌資訊的循環效應

社群平臺的演算法機制，進一步強化了品牌認同的選擇偏誤。當你點擊某個品牌、按讚某個貼文、轉發某則內容時，平臺會推送更多相似資訊，讓你陷入一種資訊泡泡中。這種機制看似提供便利，實則限制了品牌探索的多樣性，使得你越來越相信你所見即全部。這種「選擇的重複性」會在心理上建立一種

品牌偏好幻覺，讓你誤以為某品牌是公認最佳、最多人使用，實際上只是你所處資訊環境的濾鏡效果。這正是品牌能夠透過社群媒體建立「認同穩定性」的關鍵技術基礎。

> 打卡文化下的品牌操控術：
> 你以為你在選，其實你在演

最終，在打卡文化的環境下，品牌不再只是被動接受選擇的對象，而是主動參與你自我建構的工具。你所做的每一次曝光、標記、轉發，其實都在協助品牌進行意象再製。這種機制無需強制，因為它依賴的是你對自我形象的焦慮與渴望。你打卡的，不只是那杯咖啡、那間展覽、那件衣服，而是你期望別人看到的那個自己。這正是品牌操控最隱蔽卻最有效的方式：讓你自願參與，並深信這是自己的選擇。

## 第四節　從「我喜歡」到「別人覺得我該買」

> 喜好不是自主，而是社會劇本的結果

當我們說「我喜歡這個品牌」、「這是我的風格」時，往往以為這是一種內在選擇，實則多數喜好源於社會化的過程。社會心理學家所羅門・阿希（Solomon Asch）的從眾實驗證明，即使面對明顯錯誤的答案，只要大多數人選擇一致，多數個體也會

### 第六章　品牌的操控術：不是你在選，是你被選了

違背直覺而跟隨。這種機制在品牌選擇中表現得淋漓盡致。我們的「喜好」，其實是一種反覆觀察與模仿後內化的結果。當某品牌在社群、媒體、同儕圈中被反覆出現與讚賞時，個體會傾向重新調整自己的偏好，使其與主流觀點一致，進而產生「我也剛好喜歡」的心理錯覺。

## 社會壓力如何扭曲你的選擇機制？

在消費決策上，個體並不總是為了滿足內在需求，而是為了符合外在預期。這種「規範性從眾」使得我們在面對品牌選擇時，會根據「別人覺得我應該用什麼」來做決定。這種心理機制根植於「社會認同理論」，即人們有一種深層的歸屬需求，渴望被某個群體接納。而品牌正是提供群體認同的象徵語言。當我們處在需要展現自我、建立社會形象的情境中（如入學、就業、初次約會、社交活動），品牌就成為一種風險最小的選擇工具：它幫助我們避開判斷錯誤、被排斥、或社會不適感的可能。

## 品牌預設的「應該性」語言如何滲透？

品牌行銷策略中經常藏著一種隱性語法：什麼樣的人應該擁有什麼樣的東西。例如：「三十歲以前要有一支經典腕錶」、「職場女性需要一雙黑色高跟鞋」、「懂生活的人都喝單品手沖咖啡」。這些話語並不明說你該買什麼，但卻在潛移默化中建立了某種「應該性標準」。品牌運用這種敘事，建立行為模版與人

### 第四節　從「我喜歡」到「別人覺得我該買」

生里程碑,使得個體在尋找身分與價值定位時,自動對應出相符的品牌選項。這種策略被稱為「消費典範設定」,不只行銷產品,更是在告訴你「成為那種人」的方式。

## 「真實自我」與「社會角色」的消費分裂

在這種社會預期導向的消費架構中,個體常出現自我認同的分裂:內心喜歡某一類型風格,但因為外界期望不同,仍選擇順從外部認可的品牌。例如:一個人可能偏好簡樸自然的生活風格,卻在職場社交中穿戴高調品牌以維持形象。這樣的「角色消費」長期下來會造成心理上的自我異化。社會學家厄文‧高夫曼(Erving Goffman)認為,人在社會互動中不斷扮演角色,但當這些角色的「道具」變成了消費品,便可能出現「工具即自我」的混淆,讓人愈發難以辨認什麼是自己真正想要的,什麼只是扮演的需求。

## 當選擇不再自由,而是壓力的調和術

最終,從「我喜歡」到「別人覺得我該買」的過程,不是選擇的進化,而是壓力的妥協。品牌之所以能成功,不是因為你做出最符合需求的理性選擇,而是因為它最能減輕你的選擇焦慮與社會不確定性。行為經濟學家康納曼指出,人們在面對複雜選擇時,會傾向採用「認知捷徑」,而品牌便是最有效的捷徑之一。它讓你無需思考過多背景資訊,只要對標準化的形象做出

第六章　品牌的操控術：不是你在選，是你被選了

響應即可。在這種心理結構下，品牌不是外部影響，而是成為選擇的一部分。你買的不只是東西，而是那段不想被誤解的人際劇本。

## 第五節　品牌忠誠其實是認知懶惰

> 忠誠不一定是愛，也可能是習慣使然

許多人以為對品牌的忠誠代表情感連結與產品信任，然而，從心理學與行為經濟學的角度來看，品牌忠誠更多時候是出於「避免思考」的結果。根據司馬賀提出的「有限理性」理論，人在面對複雜選擇時往往會尋求滿意而非最優選項。這意味著我們不會在每次購物時重新計算各品牌的 CP 值，而是傾向選擇過去使用過、沒有出錯、外界也認可的選項。這種選擇行為其實是一種認知節能策略：用既定偏好替代重新思考。品牌忠誠，有時候只是我們懶得重新判斷的結果。

> 認知節能與「熟悉效應」的合謀

心理學中的「熟悉效應」（mere exposure effect）指出，人們傾向偏好重複接觸過的事物，即便這些事物本身未必更好。這意味著品牌只要出現得夠頻繁，就能在大腦中建立安全與信任的聯想。當品牌與個人經驗綁在一起，我們會傾向以「過去沒問

題」來合理化當下的選擇，進一步強化「無需改變」的信念。即使出現更便宜或更具創新的選項，若這些選項需要花費認知力去理解與評估，多數人仍會選擇「不要冒險」，繼續與熟悉的品牌維持關係。這不是忠誠，而是懶惰。

## 忠誠方案如何操控「沉沒成本」心理？

許多品牌為了鞏固顧客黏著度，會設計各種忠誠計畫——點數累積、會員等級、生日優惠、專屬社群等。這些機制乍看是回饋，其實在心理層面是打造一種「已經投入太多」的錯覺，也就是經濟學所說的「沉沒成本謬誤」。當人們發現自己已經投入某品牌太多時間與金錢時，便傾向繼續選擇它，即便理性上知道其他品牌可能更好。這種策略讓「跳槽」成本在心理上被放大，進而讓顧客在情感上自我綁架，對品牌產生錯誤的忠誠幻覺。

## 品牌信仰化：從方便選擇到拒絕思考

隨著品牌在文化語境中的深化，其忠誠也可能從消費習慣轉化為一種信仰型態。例如蘋果與安卓用戶之間的忠誠爭論，往往不再是產品功能的比較，而是關乎身分認同、價值觀與生活態度。這種「品牌信仰化」的現象，讓品牌成為意識形態的象徵，使個體在選擇時不再根據實際需求，而是依附在群體認同與社會分化的邏輯中。這種認同固化會阻止消費者去嘗試其

第六章　品牌的操控術：不是你在選，是你被選了

他選項，讓品牌忠誠不再是選擇結果，而是選擇前就已定錨的偏好。

> 擺脫忠誠迷思，回到主動選擇的現場

真正成熟的消費者應該擁有「可逆的忠誠觀」，也就是願意因時制宜地重新評估品牌與產品的價值。品牌忠誠並非不可取，但應該建立在持續反思與對市場變化保持敏感的基礎上。避免將品牌等同於身分，才能保有更大的選擇自由與心理彈性。當我們願意突破「方便」的心理束縛，重新面對每一次選擇的意義，就能把忠誠從習慣的自動導航，轉換成意識清明的判斷力。唯有如此，品牌忠誠才不會淪為認知懶惰的掩飾，而是基於價值的真正選擇。

## 第六節　痛點行銷：消費不是需求，而是焦慮處方

> 你買的不是產品，是對某種問題的安撫

現代行銷的核心邏輯已從「滿足需求」轉向「製造焦慮」。傳統經濟學認為消費是理性選擇，是個體針對自身需求做出的效用最大化決策，但行為經濟學與心理學揭示，真正驅動我們購買行為的，不是功能需求，而是情緒壓力與心理不安。這正是

## 第六節　痛點行銷：消費不是需求，而是焦慮處方

所謂的「痛點行銷」：品牌不再只是解決問題的工具，而是你情緒不穩時遞給自己的一顆止痛藥。它不保證治癒，但保證你短暫不必面對內在焦慮。

### 痛點不是實際問題，而是心理不適的放大器

品牌行銷往往不是告訴你產品有多好，而是提示你「沒有這個會怎樣」。這種預設的負面心理語境，讓消費者進入一種「焦慮前提下的選擇」狀態。例如：你是不是不夠專業？別人是不是比你更懂生活？你是不是錯過了什麼關鍵趨勢？這些語句不是在提供資訊，而是在放大心理缺口。心理學家丹尼爾・韋格納（Daniel Wegner）指出，越是被提醒去排除某個念頭，越容易讓那個念頭占據心智。痛點行銷正是利用這種「焦慮循環」，讓人對缺乏感產生過度焦慮，進而導向購買行為。

### 「問題重述」如何轉化為產品正當性？

痛點行銷的策略關鍵在於「重新定義問題」，讓你覺得非買不可。例如：保健品廣告從來不說你缺乏營養，而是說「你累，其實是你不夠均衡」。皮膚保養品不說你皮膚差，而是說「你的臉正在悄悄老化」。這些話語把模糊的不適感具體化，再將品牌設計為唯一出口。這不只是語言包裝，更是一種問題框架的操控──讓你誤以為產品本身不是選擇，而是唯一解方。這種語

第六章　品牌的操控術：不是你在選，是你被選了

境會在潛意識中讓消費者產生「錯過就會後悔」的心理預期，形成典型的「前景損失效應」。

## 當「正常焦慮」被品牌病理化

最危險的痛點行銷手段，是將原本屬於人之常情的壓力與情緒，轉化為需要被矯正的「症狀」。例如：偶爾的無力感被說成缺乏效率管理工具、普通的外貌焦慮被定義為「形象危機」、對未來的模糊不安被指為「你還沒有目標」。這些言論將人類的正常情緒定義為缺陷，進而製造一種「被品牌拯救」的幻覺。品牌在這裡扮演的不是產品供應者，而是情緒治療者。但真正的問題從未解決，只是被包裝與延遲。

## 提升免疫力：識破焦慮設計的心理抗體

作為消費者，唯一能跳脫這類焦慮陷阱的方式，就是培養對行銷語言的敏感度與心理免疫力。這包括：認清廣告中「如果不這樣就會怎樣」的語句是否在放大恐懼；檢視「人人都這樣」的社會參照是否真實；拆解品牌設計的時間壓迫、限量機制是否真的關乎需求。唯有在每一次欲望浮現的瞬間停下來思考：「我現在想要的，是這個產品本身，還是它承諾要解決的那種焦慮感？」才能讓你從被操控的消費者，轉回主導的選擇者。品牌不是不能信，但不能讓它說服你「沒有它就不完整」。

## 第七節　不買會更焦慮的設計

### 被設計出來的壓力感：限時、限量、最後一波

許多消費決策並不是因為真的需要某個產品，而是因為「如果不買，就錯過了」的心理驅力。品牌透過「倒數計時」、「即將售罄」、「最後一批」等語言設計，營造一種稀缺與急迫的情境，迫使你將原本不緊急的選擇感知為危機。這類機制背後對應的是「稀缺性偏誤」(scarcity bias)，即人們會高估稀有事物的價值，並因稀缺引發焦慮。這種壓力並非商品本身具有急迫性，而是品牌主動植入一種「不買就會錯失人生關鍵環節」的心理劇碼。

### 「錯過恐懼」如何成為行銷的核心槓桿？

行銷心理學中有個著名名詞叫「FOMO」——Fear of Missing Out，錯失恐懼。品牌設計者深知這種心理驅動比任何功能說明都有效。人們害怕被排除在流行、話題、進步之外，這使得商品不再只是物品，而成為「保持跟得上」的社會保證書。當廣告說「每個人都已經擁有」、「只有你還沒有」，其實並非訴諸理性選擇，而是引發身分焦慮。這種恐懼讓你寧可多花錢也不願成為「唯一沒參與的人」，進而放棄判斷、快速決策。

第六章　品牌的操控術：不是你在選，是你被選了

## 情緒設計的節奏：讓你無法思考，只能趕上

不買而焦慮的核心機制，是讓消費者無法進行完整的決策流程。品牌透過「限時優惠」、「快閃價格」、「預購專屬」等手法設計節奏，讓思考時間壓縮到最低。這種設計利用了大腦對「時間壓力」的過度反應，使我們進入「衝動模式」：只看到眼前的短期利得，無法評估長期代價。研究指出，人在面對倒數時的理性分析能力大幅下降，行為上更傾向採取立即行動，這正是行銷操作想要的效果──不是讓你理解產品價值，而是讓你無法不買。

## 不買會讓你成為「局外人」的隱性威脅

除了時間與稀缺性，品牌還加入了「社會性排除」的元素，讓不買等於「退出群體」。這種設計常見於品牌社群、會員分級、活動邀請中。例如：「僅限 VIP 參加」、「粉絲限定」、「只有忠實客戶能購得」。這些語句讓人產生「不買就被放逐」的潛意識壓力，導致許多原本沒興趣的消費者，也為了維持身分而加入購買行列。這種社會威脅式行銷，使得消費成為一種維持自我價值的儀式，不再與商品本身相關，而是與「我是誰、屬於哪裡」有關。

## 解除焦慮設計的五秒策略

與其陷入這些被設計出來的焦慮場景中，我們可以練習一種「五秒選擇過濾法」：

- 第一,當你看到限時、限量等字眼,問自己「如果今天不是最後一天,我會買嗎?」
- 第二,當感到不安時問「這是不買的痛,還是被排除的恐懼?」
- 第三,從推播廣告中暫時退出五分鐘,觀察自己的情緒變化;
- 第四,寫下你真正想解決的問題,檢視該品牌是否只是提供了幻覺;
- 第五,提醒自己:你失去的不是機會,而是被操控的可能。

這些簡單動作能有效拆解品牌所設計的心理緊箍咒,讓你重新回到選擇的主體位置。

# 第八節　比起產品功能,你更在乎別人怎麼看

## 社會評價才是消費的真實引擎

在多數消費情境中,產品的實際功能早已不是決策的唯一參考指標。我們購買某支手機、某款包包,或某一類健身課程,真正的動力並非其技術規格或實用性,而是它能否傳遞我們「想讓別人怎麼看我們」。這是社會心理學中的「外部目標導向」:行動的目的是獲得社會認可而非內在滿足。品牌深知這一點,因

### 第六章　品牌的操控術：不是你在選，是你被選了

此將產品定位為一種「評價工具」，讓你在日常中持續累積社會印象分數。換句話說，你不是在買東西，而是在買一個經由他人眼光加值的自我形象。

## 功能與象徵的認知權重錯置

當產品的象徵性越來越強，其功能性往往被邊緣化。你可能買一雙球鞋從未打球、穿一件風衣從未遇雨，因為這些商品的實際使用價值早被其象徵意義取代。行為經濟學中的「訊號價值」指出，人們在消費時會優先考量商品能對他人傳遞哪些社會訊息。這使得產品的功能性評估逐漸被「被看見的可能性」取代。品牌不再主打技術，而是包裝故事、價值觀與文化語言，使消費者在擁有產品的同時，也擁有一套可見的身分敘事。

## 你買的不是實物，是可被辨識的社會身分

當品牌成為社會辨識機制時，消費便進入一種「被觀察的選擇」邏輯。我們不再只問「這好不好用？」，而是問「別人看到我用這個會怎麼想？」這種心理模式根植於社會比較與地位焦慮之中，使得消費行為愈來愈接近一種形象投資，而非需求回應。這正是「形象導向消費」的核心：你選擇的商品，是為了符合某種社會敘事，而非生活便利。這也解釋了為何許多看似昂貴、不實用的產品依然熱銷，因為它們提供的是「我屬於這群人」的認同感。

## 第八節　比起產品功能，你更在乎別人怎麼看

### 社會敘事如何定錨你的選擇？

品牌透過文化包裝來設計出明確的敘事定位，讓你不自覺在其情節中找到角色。這種設計包括產品命名、廣告情境、代言人選擇、色彩與包裝語言等，都是在提示你「擁有這個，就代表你是這樣的人」。這是一種心理定錨：品牌提供一個社會認可的故事框架，而消費者主動將自己套入其中，藉此減少選擇焦慮，並換取社交穩定性。久而久之，我們甚至難以分辨哪些喜好來自內在，哪些其實只是社會敘事對自我形象的預設與投射。

### 從他人眼光中抽身，重建自主的價值排序

要擺脫「為別人眼光而買」的陷阱，第一步就是辨認消費背後的社會驅動因子。試著在購買前問自己：「如果沒人看見，我還會買嗎？」、「這東西對我本身真的有價值，還是對我社會形象有幫助？」當我們意識到多數選擇其實來自「被觀看的預期」，就能開始重建消費的主動性。這不代表要否定品牌的象徵性，而是要在意識層面將其還原為選項，而非預設答案。唯有如此，消費才能重新成為一種對自我生活的精準回應，而非永無止盡的形象競賽。

第六章　品牌的操控術：不是你在選，是你被選了

## 第九節　當「限量」變成標準

> 稀缺性本是例外，現在卻是常態

「限量」、「獨家」、「只有今天」這些字眼，原本應是產品在特殊情境下的設計條件，卻在現代消費社會中成了品牌運作的標準配備。品牌不再用限量來控制供應，而是反過來用限量製造需求。這種模式背後的心理機制來自於「稀缺性效應」(scarcity effect)：當某樣東西被標示為有限，人們會高估它的價值，並出現「不搶就會後悔」的衝動。限量不再意味著稀有品質，而是用來操控選擇與放大焦慮的操作工具。

> 當供給策略轉為認同測試

限量機制不只是數量限制，更是一種身分篩選。許多品牌推出限量版，不是為了銷售，而是為了創造「參與資格感」。你買到的，不只是商品，而是一張隱形入場券，證明你是這個品牌文化圈的一員。這種操作在潮牌、科技、精品、甚至文創產業中已司空見慣。行為經濟學稱之為「地位訊號」(status signal)，即消費不再是功能需求的回應，而是社會階層的展示手段。限量，提供了一種無需言說的優越感：我能買到，代表我不同。

第九節　當「限量」變成標準

### 品牌刻意製造缺口來延伸產品生命週期

限量的真正價值，從來不是數量，而是話題性與延伸性。當品牌將一款產品拆解為「初版」、「聯名版」、「復刻版」、「致敬版」、「快閃限定」等多種變體，目的不是擴大市場，而是延長注意力週期。這種模式使得消費者總處於「未完成擁有」的心理狀態，永遠有下一個要追。這也與「目標遞延效應」有關：當目標未真正完成，個體會持續投入資源去靠近它。品牌利用這一點，將消費轉化為一種追逐過程，而非擁有的終點。

### 「不是每個人都有」的心理語言操作

限量設計所賦予的不只是物理稀有性，更是一種心理語言：「你買到了，代表你與眾不同。」這種語言強化個體的自我價值，並進一步建立對品牌的忠誠與依附感。問題是，當這種策略成為所有品牌的慣例，限量的意義就從獨特性轉為常態性。你會發現，每件產品都號稱稀有，每次行銷都說是最後機會。結果不是稀缺，而是稀缺氾濫。這反而讓消費者陷入永無止境的決策焦慮，難以判斷什麼才是真正值得擁有的。

### 認清標準的變形，回歸價值思考

限量不是錯，關鍵在於你是否清楚自己為什麼購買。在每一次品牌釋出限量資訊時，消費者可以自問五件事：這個產品

### 第六章　品牌的操控術：不是你在選，是你被選了

是否真的符合我的需求？限量是否只是一種行銷包裝？我是否只是為了證明身分而購買？如果沒有限量字眼，我還會想要它嗎？我是否能等待而不是搶先？這些問題能幫助你重新掌握判斷框架，把選擇的焦點從「他人看到我有什麼」轉回「我真正需要什麼」。唯有如此，我們才能從限量焦慮中抽離，讓限量回歸其本來應有的價值，而不是成為常態壓力的代名詞。

## 第十節　你不是被洗腦，你是自願入教

> 品牌宗教化：信仰不是強迫，而是自願內化

在現代消費文化中，品牌早已從商業標籤升級為一種「價值體系」。你以為你只是在買產品，但你其實是在加入一個信仰共同體。這種「品牌宗教化」現象，並非單純指品牌的影響力，而是其結構、語言、情緒機制都高度仿照宗教運作——有核心教義（品牌理念）、有祭典儀式（新品開箱、限量搶購）、有聖物象徵（經典款）、有信徒圈層（社群社團），更有異教排斥（品牌對立）。這是一種逐步建構、主動接納的心理過程：我們選擇相信，並從中獲得認同、安全感與秩序感。

## 第十節　你不是被洗腦，你是自願入教

### 洗腦的迷思：你不是被說服，而是自己完成說服

品牌從來不需要強迫你買，真正的行銷魔法來自「你自己說服了自己」。心理學家席爾迪尼在其影響力理論中指出，人們會根據自我行為來調整信念，這是所謂的「自我一致性原則」。當你第一次買某品牌，投入了時間、金錢與注意力後，為了讓這些行為合理化，你會開始重構思維：「這牌子其實真的適合我」、「這不是衝動，是品味」。久而久之，你的認同不再基於產品好壞，而是基於你希望成為的那個人。品牌的強大，不是說服你接受，而是讓你想要服從。

### 品牌如何讓你「自願」維護其世界觀？

品牌不斷透過敘事建構一個封閉而完整的世界觀。這個世界有專屬語言（術語、簡稱）、文化規範（怎麼穿、怎麼拍）、歷史傳承（經典款故事）、價值觀引導（生活方式主張），使得消費者一旦認同，就會主動擔任「布道者」。社群媒體加劇了這一點——當你亮出品牌、分享購買過程、為品牌辯護時，你其實已經在協助品牌維護其世界觀。這是一種「用戶宗教化」過程，讓每位消費者都成為品牌信仰體系的一部分，不需要總部命令，只靠自發行動維繫。

第六章　品牌的操控術：不是你在選，是你被選了

## 品牌的善惡二元論與異教獵巫機制

當品牌世界觀越來越完整時，會逐漸出現類似宗教的排他性與二元論。品牌之間不只是競爭，還成為價值觀對立的載體：「用我們的就是品味，不用的就是落伍」、「只有真正懂生活的人才會選擇我們」。這樣的語言製造出一種「信與不信」的劃分，讓品牌消費者與非消費者之間產生心理距離。甚至在品牌社群中，會出現對「異端」（例如曾跳槽他牌、質疑設計）的貶抑與排擠。這正是品牌操控的高階策略：讓信徒自己維護純正性，避免質疑出現。

## 從信仰結構中脫身，重啟主體性選擇

要從品牌宗教化中脫身，不是反品牌，而是重拾主體意識。這需要三個步驟：第一，辨識你消費行為中的儀式成分——你是在買東西，還是在進行心理祭典？第二，分離品牌敘事與自我價值——沒有這個品牌，你仍是你；第三，拆解品牌語言——那些口號、理念是否真與你價值一致？當我們能從這些信仰結構中抽離，就能重新將品牌放回「選項」而非「信仰」的位置。這不會讓你失去風格，反而讓你重新掌握風格的定義權。

# 第七章
## 制度不是中立的：
## 你所處的規則正在引導你選錯

# 第七章　制度不是中立的：你所處的規則正在引導你選錯

## 第一節　默認選項與制度性強迫

### 當你沒有選擇，就是被選好了

在多數人以為自己做出選擇的時候，其實早已掉入設計者設定好的軌道。這種現象被稱為「默認選項效應」(default effect)，指的是在多種選項中，人們會極大機率維持原本被安排的選項，不願更改。行為經濟學家凱斯・桑斯坦（Cass Sunstein）與理查・塞勒（Richard Thaler）於《推出你的影響力》中詳細說明了這一現象：即便只是改變一個選項的預設值，就能顯著改變大眾的行為趨向。從器官捐贈登記、公司退休金計畫、到 App 通知偏好設置，無數例子顯示，大部分人並非做出主動選擇，而是因懶惰、焦慮、資訊不對稱等原因，被動接受制度給予的答案。

### 為什麼默認選項這麼有效？

這不只是習慣問題，而是深層心理結構的展現。首先是「現狀偏誤」(status quo bias)：我們傾向維持當下狀態，即使明知還有更好的選項，也會因改變成本、風險感知與懶惰效應而停留原地。其次是「選擇架構依賴性」：人們的偏好與決策結果，極大程度取決於選項如何被陳列與包裝，而不是選項本身的實質內容。當某個選項被標示為「預設」、「建議」、「推薦」，它便多

## 第一節　默認選項與制度性強迫

了一層心理權威，讓人誤以為這是專家挑選、社會共識，甚至唯一合理的選項。

此外，還有「行動成本最小化」的心理傾向：當一個選項已經填好、設好、預選好，人們更願意維持現狀，以減少認知負擔。這不僅是效率選擇，更是人類對不確定感的逃避。選擇需要資訊、需要思考、需要時間，而這些資源通常在現代社會中是匱乏的，因此人們更傾向接受「看起來合理的預設」，即使它未必對自己最有利。

### 默認背後的制度邏輯是什麼？

默認選項的存在並非純粹為了便利使用者，更多時候是制度本身的偏好導向在潛移默化地實施。例如：某些保險契約中「自動續保」的設計，看似貼心，實則掩蓋了使用者本可以中止或轉換的可能。再如某些公部門服務申請表格中，將「放棄某項補助」作為預設勾選欄位，一旦不察即視同放棄。這些看似小細節的設計，其實讓使用者承擔了制度設計者希望避免的成本與風險。透過這樣的設計，制度不必明著要求，也能讓群體朝著特定方向行動，表面上保有自由，實則行動早已被框定。

以歐洲多國的器官捐贈政策為例，採「自動捐贈制」的國家，其捐贈率遠高於採「須主動登記」的國家。並非人民比較慷慨，而是多數人不願更改預設選項，即使這關乎重大道德與倫

## 第七章　制度不是中立的：你所處的規則正在引導你選錯

理問題。這顯示預設機制本身即具高度制度性影響力，足以改變一整個國家的政策成效。

### 默認設計與責任轉移的交錯操作

更精密的默認設計甚至能達到責任轉嫁的效果。當人們因預設選項而做出損失性決策，制度可以聲稱：「我們沒有強迫，是你選的。」這種說法表面合理，實則迴避了設計者對選擇架構的倫理責任。制度透過設計操控選擇，卻不承擔選擇後果，這種結構性卸責機制，讓使用者在表面上擁有選擇自由，實質上卻背負過度的選擇後果。這種安排讓制度操作的正當性更隱蔽，也讓改革變得更加困難。

實際上，這類默認操作在金融科技與平臺經濟中比比皆是。例如線上訂閱服務中，預設開啟自動續訂功能，往往埋藏在條款底部，消費者不察即被收費；社群平臺預設分享資訊給第三方，若不仔細設定，個資輕易外洩。這些默認都讓平臺免責，卻讓使用者承擔後果，形成不對等的權利結構。

### 當我們重新審視「選擇」的本質

我們必須意識到，擁有選項與擁有選擇權是兩回事。當制度將一個選項預設為主動框架時，其他選項就變得邊緣、隱晦，甚至被視為「異常行為」。要重新奪回選擇的主體性，就需

從辨識默認設計開始：哪一個選項是制度推薦的？為什麼是它？我是否能夠輕易選擇其他選項？它們是否等值可見？在這些問題背後，我們才能真正釐清自己的選擇是基於價值判斷還是被動接受。

此外，社會應推動選擇設計的公開透明與可逆性原則，例如明訂預設選項須有明確標示、提供簡易退出機制、限制不可逆的默認架構等。這些制度設計不只是技術細節，而是關乎選擇權力與民主參與的核心議題。唯有理解選擇架構的操控性，才有可能重建個人與制度之間的對等關係。

# 第二節　表單設計如何讓你放棄選擇權？

## 表單不是中立工具，而是引導機器

在日常生活中，我們經常接觸各式各樣的線上與紙本表單，從醫療保險申請、銀行開戶、課程註冊，到網購流程中的付款頁面。然而，大多數人並未意識到，表單的欄位設計、順序安排與介面樣式，其實具有強烈的誘導性與選擇操控力。表面上，表單只是傳遞資訊與完成程序的工具，實則背後隱藏的架構與語言設計，往往早已引導使用者朝特定方向做出預期中的回應。這不是表單出錯，而是它本來就被設計為「篩選與引導」的制度性工具。

## 第七章　制度不是中立的：你所處的規則正在引導你選錯

### 隱藏選項、模糊語言與不對等資訊

一種常見的操控方式，是透過選項呈現的不對稱。例如在醫療同意書中，某些選項以明確勾選呈現「同意接受」，但「不同意」的選項卻藏於備註欄或須另行下載。這種語言與介面安排，看似提供選擇，實則將「非預期選項」隱藏起來，形成事實上的單向選擇。在行為經濟學中，這被稱為「顯著性操控」：讓制度方期待的行為更顯眼、更便利，讓不被鼓勵的選擇變得模糊與不便，進而改變使用者的行動結果。

此外，語言的模糊性也極具操控力。例如表單中常見的「我同意上述條款」之類的語句，雖然要求使用者確認，但條款本身常以難解的法律術語撰寫，幾乎無人細讀。當表單以難以理解的術語包裝使用者權利與責任時，事實上是將選擇權去除，因為個體無法基於充分資訊做出理性選擇。這已不再是「表單填寫」的問題，而是制度如何透過資訊壟斷來達成結果控制。

### 欄位設計順序與認知節奏的操控

除了語言與選項的安排，表單欄位的排列順序也會對決策產生顯著影響。研究指出，人在填寫表單時往往遵循一種「滑動節奏」，即從上而下、從左至右的慣性路徑。當重要的拒絕選項被放在較不明顯的位置，如頁尾或次頁，使用者在完成主要欄位後往往已失去耐心與警覺心，進而自動跳過。這種設計

## 第二節　表單設計如何讓你放棄選擇權？

利用了「認知疲乏效應」，讓人在注意力下降時錯失應有的選擇機會。

平臺設計者更會運用「預先填寫」來加強操控力。例如當某些服務條件欄位已預先打勾，並以灰階顯示，使用者會誤以為無法更改，實際上這只是設計語言的一種心理操控手法。即使條款可以點擊變更，因預設態度的心理慣性與對技術介面的不熟悉，多數人仍會維持原樣而未察覺其實可以選擇其他路徑。

### 表單即結構化的權力機制

從社會制度層面來看，表單並不是中立介面，而是一種結構化的權力再現形式。它界定了什麼樣的資訊能被收集、什麼樣的行為被預設為正常、哪些聲音被排除在資料之外。當表單設定一組預先格式化的欄位與答案，它其實已經為制度方預先過濾了某些行為與決策的可能性。這讓看似日常的行政流程，實質上成為「行為預設的再製過程」。

尤其在數位政府與自動化流程普及的情境下，表單已從單純的記錄工具，轉化為制度決策的數據入口點。若其設計缺乏監督與反思，便會導致系統性偏誤與行為誘導。例如社會補助申請系統若將「家庭收入來源」欄位設計得極度複雜或不符合實際工作樣貌，便會導致非典型勞工放棄申請。這不是他們沒有需求，而是被設計排除。

第七章　制度不是中立的：你所處的規則正在引導你選錯

> 重建選擇權的制度設計原則

為了避免表單設計成為剝奪選擇的工具，我們應從設計邏輯中加入幾項原則：

- 第一，所有選項應具備等值可見性與可存取性，不可隱藏、淡化或預設勾選；
- 第二，語言應採用通俗易懂的表達，並提供清晰解釋欄或語音輔助功能；
- 第三，欄位順序應依據使用者認知路徑優化，將影響權益的項目置於醒目與主動確認位置；
- 第四，建立「行為可逆機制」，讓使用者可隨時返回、修改或撤回選擇，避免一次性失誤造成長期後果；
- 第五，建立監督機制與公開審查，將表單設計視為公共治理的一部分，納入倫理審議與民間參與。

唯有在這些原則基礎上，我們才能真正將「填表」行為，從一種制度性的權力接受，轉化為主體性的參與行動。

## 第三節　資訊架構即權力架構：搜尋順序如何改變人生？

> 看似客觀的排序，其實早已被設計

當我們在網路搜尋一項資訊、比較一組商品，或點進地圖查找附近餐廳時，幾乎沒有懷疑過那些排名順序的合理性。我們以為演算法只是根據客觀條件進行排列，但實際上，資訊的排序與呈現早已內嵌了價值偏向與利益選擇。搜尋結果並不只是呈現真相，而是重組現實的力量場域。誰排在前面、誰被隱藏、哪一類資訊以何種語氣出現，全都是設計者對使用者心理節奏的預判與操控。資訊不是流動的，而是被編排的，這樣的編排，就是現代最精密的權力形式之一。

> 使用者不搜尋真相，只點第一個連結

行為研究顯示，大多數人在搜尋結果中只會點擊前三個結果，其中第一位點擊率往往超過 60%。這意味著：不管搜尋的內容多麼廣泛或複雜，使用者幾乎都將認知資源集中在系統預設給予的首要位置。這種現象在認知心理學中稱為「位置偏誤」（position bias），也稱「搜尋信賴錯覺」。一旦我們將排序與可信度畫上等號，搜尋引擎就不只是提供資訊，而是塑造認知結構與行動方向。

## 第七章　制度不是中立的：你所處的規則正在引導你選錯

平臺業者明知這一點，便可進一步藉由廣告置入、推薦機制、地區偏好、歷史紀錄等因素，決定誰能出現在你眼前。一間小型企業或非主流聲音，若未符合平臺偏好排序邏輯，即使資訊再正確，也很難獲得關注。這種結構讓「可見性」成為新的社會資源，誰能在資訊洪流中被看見，誰就握有影響力——而這影響力的決定權，並不屬於使用者。

### 搜尋結果會改變你對世界的看法

資訊架構不只是單次使用結果，更會在長期內形塑我們對現實的判準。當某些觀點、品牌、行動方式持續出現在前段結果，使用者會逐漸建立起「這就是正確答案」的認知模式。這種「反覆曝光效應」結合「可得性捷思法」（availability heuristic），使人更容易回憶起經常被見到的資訊，進而對其產生認同與信任。長久下來，平臺不只是搜尋引擎，而成為生活世界的知識建構者與標準定義者。

舉例而言，當你搜尋「如何理財」時，若前幾名全是推銷高風險商品的頁面，即便沒有明顯廣告標示，你也可能逐漸接受「高報酬才是正道」的投資觀。再如搜尋「健康飲食」時，若結果全為某一類極端飲食法的倡導文章，便會扭曲你對營養均衡的理解。資訊架構在此扮演的是一種「預設世界觀」的角色，使用者不會懷疑這套結構，反而會潛移默化地順應。

### 第三節　資訊架構即權力架構：搜尋順序如何改變人生？

## 平臺排序不只是商業操作，更是社會權力重分配

資訊架構所涉及的，不只是介面設計，而是社會權力的重組。當搜尋平臺與電商網站握有資訊排序權時，就擁有了操縱注意力的能力，也就擁有了改變偏好的機會。這種新型態的權力不同於傳統政治命令，而是透過「默認排序」、「個人化推薦」、「自動推送」等機制，在使用者不知不覺中重寫其選擇與判斷基準。這種權力形式隱蔽且深遠，難以被挑戰，因為它既不宣稱強迫，也不明示意圖。

尤其在演算法無透明義務的狀況下，平臺經營者幾乎無需對其排序邏輯負責。用戶雖享有「自由選擇權」，但這選擇是建立在被編輯過的選項之上，已無從還原「原始世界」。當資訊架構成為主導現實的結構，權力關係也隨之轉移：從民主社群轉向平臺治理，從多元聲音轉向預設共識。

## 如何重建資訊主體性？

面對這樣的結構，我們不該只做被動的消費者，而應成為積極的資訊使用者。首先，學會辨識「排序即價值」的陷阱，不將第一個出現的結果視為最好答案。其次，養成橫向搜尋與交叉驗證的習慣，不依賴單一平臺或演算法。再者，監督與要求搜尋平臺揭露其排序邏輯，建立「演算法透明權」作為數位人權的一部分。此外，教育體系應將資訊判讀能力納入公民基本素

第七章　制度不是中立的：你所處的規則正在引導你選錯

養，讓每個人都能擁有解構資訊架構的能力。

資訊從來不是中性的，資訊的排序更是一種潛在的敘事。我們能看見什麼、相信什麼、行動為何，往往都由這些看似客觀的架構決定。唯有重建資訊主體性，才能重新奪回生活中被預設的決策權與價值主導權。

## 第四節　福利制度的「非申請成本」有多高？

### 你不是不想申請，只是制度讓你放棄

許多人未申請本應享有的福利，並非因為他們不需要，也非出於自願，而是因為一連串制度性的障礙使他們「無力申請」。這些障礙不一定表現在補助金額上，而潛藏於申請過程中看似微不足道的設計細節——繁瑣的表格、不明確的規則、需要親自出席的審核會議、無法彈性調整的審查時間。這些看似中性的規定，其實構成一種無形的壓力，讓需要幫助的人最終選擇放棄。這種放棄，不是來自不配合，而是被制度逼退的一種隱性退出。

### 隱性成本如何瓦解申請動機？

福利制度的「非申請成本」可分為幾類：一是時間成本，例如需要多次往返公家機關、等待數小時的面談、重複遞交資料；

## 第四節　福利制度的「非申請成本」有多高？

二是認知成本，例如條件模糊、用語艱澀、流程不透明；三是情緒成本，例如羞愧感、被審視感、需要「證明自己貧窮」的自尊打擊。這些成本不會出現在政府預算中，但卻在使用者身上造成實質阻力。

行為經濟學指出，人們對損失的感受遠高於獲得的快感（損失規避效應），這意味著若申請福利過程中出現一次不愉快經驗，申請者可能永久中斷後續流程。制度設計者若忽略這些非申請成本，就會讓福利只存在於政策文件中，實際上難以實施。尤其對於資訊能力較弱、教育程度較低或生活壓力沉重的族群來說，他們原本就是最需要援助的對象，卻反而因這些成本被排除在外，形成「反向福利效果」。

### 制度如何透過設計進行篩選？

表面上，福利制度是普及與公平的；實際上，申請門檻的設計往往具有策略性。當預算有限或行政單位希望降低申請量時，最簡單的方法不是縮減金額，而是提高申請難度。例如要求申請人提供三個月內的租屋契約、稅單、薪資明細、戶籍謄本等多項證明；或將審核資格設計為每三個月需重新申報。這些要求雖合乎行政邏輯，卻忽略了實務中許多弱勢者的生活狀況根本難以滿足這些條件。

這些設計形成一種「選擇性阻擋機制」，不是明文剝奪，而是讓你自我放棄。學者稱這類做法為「行政性卸責」，政府不需

## 第七章　制度不是中立的：你所處的規則正在引導你選錯

負責說「你不符合資格」，而是讓你在半途退出時默默消失。這讓制度的外觀依然合理透明，卻有效阻擋了預算外溢與行政成本擴張。換言之，制度方雖無明文排除，但實際排除了最大群的潛在申請者。

### 申請系統的使用者不是機器，而是有情緒的人

我們必須重新思考福利申請流程的本質，它不應只是政策執行的最後一哩，而是一種人與制度互動的情感場域。對申請者而言，走進社福中心、填寫補助表格、面對社工審問的每一刻，都是一種情緒負擔。若制度設計者沒有意識到這些心理現實，福利將永遠停留在紙上理想。

設計流程時應引入行為設計（behavioral design）原則，將流程簡化、語言轉為可理解版本，提供一次性指導、線上申請與進度查詢、錯誤回報機制與回復空間。更重要的是，申請系統必須擁有「情緒設計」的能力，讓使用者感受到被理解、被尊重，而非被挑戰、被質疑。這種設計才是讓人真正願意伸手、而不是默默退出的關鍵。

### 真正平等的制度，不只看結果，還看過程

平等不只是「人人可以申請」，而是「人人都有能力申請」。制度不能只強調公平的分配原則，更應重視過程中的可接近性

與可操作性。這包括：提供多語言版本、建立社區引導志工、簡化必要文件、主動推送可能符合資格者名單，甚至將高風險群體納入「預設通知機制」，反轉被動申請為主動接觸。

　　福利制度不能只是為了讓國家看起來有在照顧人，而是必須真正降低申請者的心理與程序門檻。只有當非申請成本被制度承擔，而非個人隱忍時，福利才真正成為一種社會支持機制，而非另一場壓力測驗。

## 第五節　選項過載是誰的責任？

> 太多選擇，不代表你更自由

　　現代社會提供的選擇似乎前所未有地多，從超市貨架上的果醬口味，到線上保險方案的十幾種組合，甚至連申請補助或政府資源也被設計為「多元選項」。但這種看似民主與尊重個人意志的設計，其實經常導致決策癱瘓。選擇專家希納・伊恩加（Sheena Iyengar）與心理學家馬克・萊珀（Mark Lepper）的研究發現，當購買選項從 6 種擴增到 24 種時，顧客實際購買的比例反而大幅下降。這正是「選項過載」（choice overload）現象：人面對過多選擇時，非但不覺得自由，反而更焦慮、更容易做出錯誤決策，甚至直接放棄決定。

第七章　制度不是中立的：你所處的規則正在引導你選錯

## 誰應該負責選項太多的後果？

當一個人做出不理想的選擇，我們常說「那是他自己的決定」，彷彿責任歸屬已然清楚。但這種說法忽略了一個結構性問題：是誰設計了這個選項架構？是誰決定資訊呈現的方式？制度或平臺若提供過多、不清楚或互相重疊的選項，其實已經違背了「有效選擇」的原則。真正負責設計的人，應該也對「使用者選錯或選不出」的結果負部分責任。當使用者因為混淆或疲勞而放棄選擇，不該只是視為他們的個人問題，而是制度提供方式不良的展現。

這在政府政策與福利制度中尤其明顯。若社會補助分為十種方案，各自條件略有不同、需要申請不同單位，這種「碎片化的選項架構」不但增加行政成本，也讓申請者疲於奔命。最終，許多弱勢民眾反而選擇放棄申請，或誤選不符自身最大利益的方案。這不是自由選擇的勝利，而是結構壓力下的假選擇。

## 決策疲勞如何影響真實行為？

「選擇太多」不只是讓人煩躁，更會造成「決策疲勞」(decision fatigue)，即認知資源耗盡導致判斷品質下降。在資訊爆炸時代，民眾要在短時間內消化大量類似但微妙不同的選項，會出現兩種典型反應：一是「預設接受」最容易取得的選項，不再檢視其內容；二是「拒絕行動」，即乾脆不做選擇，或將決策延

## 第五節　選項過載是誰的責任？

遲。這樣的結果會讓制度看起來保有民主自由的形式，實則將決策壓力全數轉嫁給個人。

而這些設計者往往忽略或故意忽略一件事：並不是所有人都擁有同樣的資訊解讀能力、決策資源與心理餘裕。制度提供過多選項，就像讓人進入一場複雜考試，卻未提供說明書。有餘裕者能從中擷取利益，沒有餘裕者則只能困在混亂中。因此，選項過載也成為社會階層複製的機制之一。

### 精簡，不是限制，而是協助

制度提供選項的目的，不是為了製造看似多元的假象，而是為了協助人們做出更貼近需求的選擇。這意味著，制度設計者有責任提供清晰、合理數量、差異明確的選項。應用行為科學觀點，好的選項設計包含以下原則：一、限制在五個以內的主要方案，避免超出人類短期記憶負荷；二、清楚標示每個選項的差異與適用情境；三、提供試算、模擬工具或引導式流程；四、對資訊弱勢者建立輔助介面，例如社工、AI 輔助或範例影片。

此外，「階段式選擇」也能減輕決策壓力。將複雜選項分層處理，例如先依年齡或收入區間分群，再提供適當方案，比一次性全部陳列來得有效。這樣的設計既不剝奪選擇權，也讓選擇變得有序而可控。選項的數量不是自由的指標，選項的可理解性與可比較性，才是制度是否友善的真正依據。

第七章　制度不是中立的：你所處的規則正在引導你選錯

> 回歸選擇的初衷：讓人更好，不是更累

當制度提供越來越多選擇時，必須記得：選擇的本質，是讓人過得更好，而不是讓人更疲憊。制度不能只強調給予選項，更要負責幫助人理解選項。這種理解的前提，是設計者承認人是有限理性的、有情緒反應的、有社會背景的，而非機械式的成本效益分析者。

我們需要的，不是更多選項，而是更明確的引導、更友善的架構與更可行的判斷支持。只有當制度為過載結果負起部分責任時，我們才有可能從選項的迷霧中，走回真正的選擇自由。

## 第六節　你以為的自由，其實是他人安排的劇本

> 自由不是選擇，而是選項的編劇權

我們常以為自由就是「可以選擇」，但真正值得追問的是：這些選項是誰給的？誰編排了你的選擇框架？在制度設計與日常決策中，絕大多數所謂的自由其實是他人預先設計好的選擇劇本。你並非在廣闊可能中自由馳騁，而是沿著制度提供的選單做出「被允許的選擇」。這種自由是被定義過的、限縮過的，甚至已經預設你會怎麼選，剩下的只是「你會在什麼時候選」而

已。自由不再是打破限制的能力,而是你多快認同那個限制所給你的選擇感。

### 編排好的選單,限制了你對世界的想像

當外送平臺只推薦幾家合作商家,當教育制度只設計幾條升學道路,當選票上只有兩黨可選,我們表面上擁有「選擇權」,但實際上只是接收「既有可能性」的使用者。心理學家史瓦茲稱之為「框架限定自由」,即人們對自由的理解多半局限於制度給予的範圍內,反而不再思考「有無可能有其他選擇形式?」這種想像的限制,比選項本身更削弱人作為主體的潛能。

在這樣的框架下,所有選擇看似開放,實則高度導向。例如:當政策設計一組「購屋補助」、「青年創業貸款」、「產業培訓」的選項時,便已隱含對青年人生方向的價值預期——你應該成家、創業、投入特定產業。而如果你想走其他道路,例如實驗教育、流浪寫作或社會運動者的生涯路徑,往往找不到任何制度支撐。這說明所謂的選擇自由,本身就是價值導向與行為預期的設計結果。

### 選擇背後的預設行為模型

制度設計者在安排選項時,實際上也在描繪一種預設的人類模型。這種模型認為人是理性、規劃導向、可分類、能預測

第七章　制度不是中立的：你所處的規則正在引導你選錯

的個體。於是選項的排列、補助條件、申請資格，皆環繞著這種標準設計。偏離這個模型的人，往往會發現制度對他「不適用」。這也解釋了為什麼弱勢者、非典型工作者、創業失敗者，或跨界實驗者常被排除在制度外。他們不是不願參與制度，而是制度從一開始就沒預設他們的存在。

這種對人的「制度預想」，構成了自由劇本的基底。你在劇本中越是吻合主角原型，就越容易取得支援、獲得補助、受到肯定；一旦角色設定偏離，就像演員被換角 —— 你被迫退出舞臺，或者自己下臺。這不是自由，是一場由上而下的角色選角，而你只是其中的候選人。

## 從選擇自由轉向創造自由

面對這種被安排的選擇劇本，我們不該只是學會選得更準，而應學會創造新的選項。真正的自由，不是從五個選項中選出一個，而是能提出第六個，甚至拒絕這五個的框架。制度設計應從「給選擇」轉為「支持選項創造」：讓公民擁有修正選單的權利、讓非典型選擇有制度支援、讓多元價值能進入政策架構。

我們也必須培養一種「編劇能力」，不再只當使用者，而是進入制度背後的敘事設計階段。從設計申請流程、研擬參與政策、參與民間共創，到推動開放政府與設計共治，這些都是擺脫被安排劇本、重新參與舞臺規則的方法。唯有如此，我們才能從制度提供的虛假自由中逃脫，走向真正由自己編寫的選擇人生。

## 第七節　個人責任神話與制度卸責設計

### 自己負責？那是制度要你相信的故事

現代社會強調個人選擇與責任，看似合理，實則隱藏一套制度性的卸責邏輯。當一個人失業、失學、負債或健康惡化時，輿論與制度往往第一時間問的是：「你為什麼不早點規劃？」這種責備性語言不只來自親友、媒體，更多來自政策本身的結構安排：需要自己主動申請、必須自己比價、要自己理解複雜規範。這些設計共同講述一個神話——「如果你沒過得好，是你沒努力」。但這種神話卻忽略了制度如何塑造出一個讓人難以努力成功的環境。

### 「個人選擇」只是制度的出場設計

當政府推出多種補助方案，卻將所有資訊分散在不同部會網站、需要繁瑣條件比對、又缺乏總覽與建議系統，這種設計實質上就是將選擇責任完全轉嫁給使用者。這不叫自由選擇，這叫制度卸責。在這樣的邏輯中，制度方只要說：「我們有給資源，是你自己沒有申請」，便能逃脫公共責任。而實際上，那些「選擇自由」往往只是對中產以上、資訊敏感族群開放的特權通道。

這種安排特別對弱勢族群構成二次傷害。他們不僅要承受

## 第七章　制度不是中立的：你所處的規則正在引導你選錯

生活壓力，還必須承擔「沒成功是你失誤」的羞辱感。這種制度性結構製造了心理負擔，讓受害者成為自責者，並因此疏遠制度，形成惡性循環。這不只是心理問題，而是設計導向的偏誤：制度不再預設人有局限與疲憊，而只假設人是資訊充足、理性、有效率的超人。

### 「自助為先」的設計是誰定的？

許多制度強調「需要幫助就自己來」，但這種「自助為先」原則本身就是一種政治選擇，而非中立安排。從社福制度、勞保制度到醫療補助，越來越多政策以「使用者主動申請」為前提，並在技術上創造高門檻的線上流程、專業術語、審查規則，表面上看似公平，實則預設你要能夠「打開表格、看得懂規則、操作介面、整理資料、解釋自己」。這些要求不是每個人都有能力達成的，卻被當作理所當然。

當制度設計未考慮人的情緒、認知負荷與生活背景，它就變成了道德審判工具。你被排除，不是因為你不配，而是因為你無法承擔這樣的申請壓力；你被錯過，不是因為你不努力，而是因為這個制度沒打算給你機會。設計者未曾現身，只留下自我懷疑的受害者。這樣的制度，不是公平分配的機器，而是洗白卸責的語言機制。

## 第七節　個人責任神話與制度卸責設計

### 怎麼把責任重新分回制度？

我們需要轉換的是制度的設計邏輯，而非不斷強調個人責任。真正具備正義感的制度，會將責任以兩種方式合理再分配：一是在設計初期就承認多數人無法「自然完成」所有流程，因此預設應主動推送資訊、主動提醒、建立引導介面；二是在制度執行階段提供修正與緩衝機制，允許錯誤、延遲、重申請、協助者介入。

此外，制度應設立問責機制，將「被錯過的個案」視為制度失敗，而非個人懈怠。要讓政策部門回答：「為什麼這麼多人沒申請到？」、「是否流程設計太複雜？」、「是否有語言與文化的排除效果？」這些問題，才能讓設計者回到舞臺，而不是永遠讓使用者為整個系統的不足負全責。

### 結束責怪個人，重啟制度問責

個人責任不是萬靈丹，制度卸責不是不經意的錯誤，而是一套成熟運作的權力分配邏輯。我們必須勇於挑戰「一切都是你自己決定」的說法，開始問：「制度怎麼讓我只有這些選擇？」、「為什麼我會無法完成申請？」、「這真的是我的錯嗎？」透過這些問題，我們才能撕開個人責任的迷霧，看到背後設計者的輪廓。

自由與責任不該只是個人的事，它們必須被制度共同承擔。

第七章　制度不是中立的：你所處的規則正在引導你選錯

當制度重新拿回對失敗後果的部分責任，我們才有可能建立真正公平的社會決策環境，而非一場以自由為名、以放棄為實的偽選擇遊戲。

## 第八節　法規中隱含的行為預期

> 法律不是規定你做什麼，而是暗示你該怎麼活

我們常將法律理解為具體規範，告訴人們哪些行為是允許的、哪些是禁止的。但法律更深層的功能，其實是建構一套行為期望體系，塑造社會中「正常」的樣貌。許多法律雖未明文強迫你做出某些選擇，卻透過語言設計、程序結構與罰則暗示，建構出一種「理性人應該這麼做」的隱性標準。這種隱性標準，不只引導行為，也定義價值，進而成為一種制度化的道德判準。

> 法規怎麼告訴你要當什麼樣的人？

以稅制為例，政府通常會針對已婚、有子女、有固定工作收入者，設計最為優惠的扣抵與減免條款。這看似為社會穩定提供誘因，實際上卻將「單身」、「非傳統家庭」、「非典型勞動」等狀態邊緣化。當這些群體無法享有同等稅務減免，就被制度暗示為「不值得鼓勵的生活方式」。如此，法規並未禁止其他選擇，但卻透過獎勵與懲罰設計，形成行為預期結構，進而操控

## 第八節　法規中隱含的行為預期

社會價值認知。

同樣地，在都市計畫與建築法規中，購屋者往往享有最多資源與政策優惠，例如購屋貸款、地價稅減免、更新容積獎勵，而長期租屋、合居共享、居住實驗模式則經常缺乏制度配套。法規在此傳遞的不是安全與秩序，而是「你該買房」、「你該成為業主」，否則你就是偏離常軌。這種結構性偏見，是行為經濟學所說的「規範啟發」（normative nudging）：制度透過預期形塑行為，並在不明說的情況下重塑群體偏好。

### 看不見的罰則與「不合理風險」

除了獎勵導向的行為預期，法規中也存在著大量看似中性的「合理責任判斷」，實際上卻是對特定行為模式的懲罰性設計。例如：在勞基法或工安規範中，責任的分配經常假設員工擁有完整的資訊與選擇能力，若發生意外，個體往往需自負一定比例責任。然而在實務中，許多勞工無法拒絕風險性任務或加班指派，他們的「選擇」根本不是自由的。當法律設計未納入這些結構現實，便將風險責任不成比例地轉嫁給最弱勢的群體，並在其中強化「你要為自己的選擇負責」的預設。

這種行為預期也常出現在社會保險法規裡。失業補助與醫療補助的核發條件，常內含「你應該積極找工作」、「你應該維持健康生活型態」等假設。這些假設乍看合理，卻忽視不同生活條件下人們做不到的原因。當這些合理性成為發放補助的前提，

## 第七章　制度不是中立的：你所處的規則正在引導你選錯

就等於以制度懲罰那些無法達標的人。法規在此不只是規範行為，更是以「你應該怎麼做」的姿態，審判那些偏離的人。

### 誰寫的規則，誰擁有價值定義權？

問題在於：誰有權利定義什麼叫「合理行為」？當法律設計出一套價值排序，它同時也決定了什麼樣的行為被視為應得資源，什麼樣的生活方式會被懲罰性對待。而這些決定，往往由一小群專業官僚、法律專家與政策制定者完成，卻影響的是全體公民的生活節奏。這正是為什麼我們必須警覺：法律不只是客觀結構，而是價值輸出的機器。

要破除這種價值壟斷，就需引入多元代表參與法規制定，確保制度預期不再只有單一模板。更應建立法規影響評估機制，檢視哪些制度條文造成不對等行為壓力與隱性歧視，並修正其偏誤。只有當法律設計回應實際生活差異與社會多樣性，它才不會成為「隱性指導劇本」，而能真正保障選擇權與行動自由。

### 讓法律不只是控制，也能解放

真正正義的法律，不是讓人活得一致，而是讓人活得多元。行為預期若被用來作為價值懲罰的工具，法規就成了隱蔽的社會監控器。我們應要求法規設計以「減壓」與「開放」為原則：減少不必要的行為壓力，開放多元生活型態的合法空間。

法律不該只是告訴人什麼不能做，而應透過制度配套，鼓勵社會探索各種可能性。

制度不是教人怎麼過活的劇本，而應是一種支持結構，讓每個人能在自身限制中尋找彈性與選擇。唯有如此，我們才能讓法律從隱性偏見的容器，轉化為選擇自由的基礎建設。

## 第九節　數位平臺的選擇設計偏誤

### 看似便利的介面，其實是偏誤的放大器

當我們在數位平臺滑動選單、點擊按鈕或接受推薦時，通常不會意識到這些操作早已被預設安排好。我們以為自己是主動選擇的使用者，實則只是走進演算法鋪設的道路。平臺的設計者透過介面結構、視覺層級、預設選項與演算法推薦，主導我們的注意力、感受與決策順序。這種選擇架構偏誤（choice architecture bias）在平臺經濟中極為普遍，且已經從介面美學問題，升級為制度操控問題。

### 你看到的選項，不是所有選項

數位平臺的本質並非提供所有資訊，而是排序資訊。從外送 App 首頁的「熱門餐廳」，到影音平臺的「你可能喜歡」，再

## 第七章　制度不是中立的：你所處的規則正在引導你選錯

到購物網站的「精選組合」，使用者看到的選項其實早已被預先篩選與重組。這些排序依據不是客觀中立的評價，而是以廣告費、平臺內部轉換率、既有點擊紀錄與消費者輪廓等因素決定。

這導致用戶經常陷入一種「演算法泡泡」之中，即所有的選項都看似為你量身打造，但其實是平臺用最有利於自身轉換與留存的方式呈現資訊。這樣的選擇架構，將使用者的行動自由壓縮為平臺營收模型的變數，讓「自由選擇」成為一種被設計的錯覺。

### 使用者行為不是偏誤，而是被引導的結果

行為經濟學早已指出，人們面對介面時常依賴視覺突出、標籤明顯與操作最少的選項來做決定。而平臺設計者正是基於這些偏誤進行優化。若將預設選項設於較上方、用強色標示或以優惠語言包裝，便可顯著提升點擊與轉換機率。這些看似微小的設計細節，其實構成了一整套用於誘導行為的策略。

例如訂閱頁面將年費方案設為預設勾選，或強調「超值組合最划算」的話術設計，便是將使用者預設為「追求效率、避免後悔」的行為模型。當這些偏誤反覆出現在平臺介面中，使用者並非做錯選擇，而是被迫用平臺設計者的語言理解世界。這種偏誤不是來自個人，而是來自架構。

第九節　數位平臺的選擇設計偏誤

## 演算法不只是預測，還在規訓行為

更進一步，平臺的演算法設計已不僅是預測使用者偏好，更在形塑未來行為。當某類內容、某種商品或某項行為被演算法持續推薦，它將進一步影響使用者的後續選擇，形成一種自我強化的偏好循環（preference shaping）。這讓平臺從被動服務者，轉變為主動的行為規訓者。

例如：影音平臺會根據使用紀錄持續推薦特定類型影片，這會導致使用者越來越集中於特定內容圈層，減少多樣性探索的機會。購物網站則根據購買紀錄投放相似商品與補充品，長期下來使用者的消費行為便被固定於特定價格與品牌範圍內。這些都顯示：演算法不只是提供選擇，它在編輯選擇的邊界。

## 建立反偏誤的數位選擇設計原則

要打破這類數位平臺的偏誤架構，我們需重新建構數位選擇環境的倫理原則：

- 第一，平臺應明確標示哪些選項是廣告、推薦或預設值，讓使用者有辨識權；
- 第二，開放使用者修改排序邏輯與呈現方式，不再只能接受單一路徑；
- 第三，提供「選項總覽」功能，讓所有可選項一覽無遺，避免隱藏性排除；

第七章　制度不是中立的：你所處的規則正在引導你選錯

▪ 第四，開發「反推薦模式」讓使用者可主動探索與自身偏好相反的內容，擴大選擇視野。

此外，政府與公民社群應共同推動「數位選擇架構監督機制」，建立跨平臺的透明標準，要求平臺揭露演算法排序邏輯，接受第三方審查，確保資訊排序不成為壟斷與操控的工具。唯有在這些制度設計下，我們才能讓平臺回歸服務角色，而非成為現代數位生活的編劇者。

## 第十節　機器也會歧視：AI演算法下的行為操控

### 人類偏見被編入機器語言

人工智慧在近年被廣泛應用於招聘、貸款、司法判決、醫療建議等領域，然而，這些看似中立、客觀的運算程序，其實承載著人類世界的歷史偏見。AI並不會自創世界觀，它只能從既有資料中學習，而資料本身正是充滿偏誤與歧視的產物。這代表著：AI不但沒有消除不平等，反而可能將歧視制度化、擴大化、隱形化，讓操控變得更有效、卻更難察覺。

## 第十節　機器也會歧視：AI 演算法下的行為操控

### 偏見不是機器的錯，而是餵養者的選擇

AI 系統訓練的基礎是大量歷史數據，若這些數據來自一個不平等的社會，就難免學會不平等的邏輯。例如：若招聘系統的資料來自過去十年的錄取紀錄，而這些紀錄中高階職位多由男性擔任，AI 將自然學會男性特徵（如名字、就業歷程、學校背景）與高潛力畫上等號。這不是演算法歧視，而是人類社會的偏見經由資料內化後，以技術語言重現。

這種偏誤最可怕之處在於：人類偏見可以被挑戰，但機器輸出的結果常被視為「數據證據」、「客觀事實」，因此不易被懷疑。當機器建議被制度採信（如法院、醫院、銀行），使用者幾乎沒有空間質疑系統，導致歧視性行為被正常化、合理化，最終變成制度的一部分。

### 誰能決定 AI 的行為模型？

AI 演算法背後的行為模型並非自動生成，而是由一群資料科學家、設計師與企業利益相關者共同建構。他們決定哪些變數納入模型、哪些關係被強化、哪些風險被忽略。這讓 AI 不再只是技術工具，而是價值選擇的實踐者。

例如：美國某大型醫療保險公司使用 AI 預測患者健康風險並決定資源分配，結果發現系統長期低估非白人患者的風險，導致他們獲得的醫療資源少於白人患者。原因在於 AI 以「未來

## 第七章 制度不是中立的：你所處的規則正在引導你選錯

醫療支出」為預測依據，而過去非白人本就獲得較少治療，導致未來預測也偏低。這再次說明：一旦偏見被嵌入運算邏輯，它就不再是人的偏好，而是系統的預設。

### AI 操控行為的隱蔽與全面

當 AI 被運用於推薦系統與行為預測，使用者的選擇行為將逐漸被「引導而不自知」。像是信用評分系統、保險費率定價甚至司法量刑建議，背後都仰賴 AI 模型的預測能力。而這些模型根據過往行為預測未來行動，因此一旦你過去有「風險行為」，就可能永遠被標籤化、風險化，無法脫離。

更進一步，AI 結合監控技術後，其行為操控能力更加深化。例如中國的社會信用體系，部分地區與平臺會將個人的消費習慣、旅遊紀錄或違規行為納入資料評估，並透過演算法輔助管理信譽等級。儘管這些評分系統尚未全面統一，部分被列入「失信黑名單」的人，已被限制購票、租屋或就讀特定學校，顯示數據治理已逐步進入個人社會權利的分配機制。這種以技術為名的社會操控，不是 AI 做錯，而是制度用 AI 強化原本就存在的權力架構。

### 建立可質問的 AI 制度環境

面對 AI 行為操控的風險，最關鍵的不只是技術調整，而是制度上的問責機制。首先，我們需要「演算法可解釋性原則」，

## 第十節　機器也會歧視：AI 演算法下的行為操控

即所有 AI 系統在使用時，應能讓使用者理解其邏輯與運作依據，避免黑箱決策。其次，需建立「偏誤檢測常規」，定期對模型進行公平性測試，並公布其結果。

再者，應賦予使用者「演算法異議權」，即當人被 AI 系統分類或判定為某種風險群時，有權要求人為覆審與模型說明。最後，更應要求政府設立「AI 倫理監察機構」，獨立於企業之外，對高風險 AI 用途進行審查與風險管控。

唯有在這些制度保障下，AI 才能真正成為促進公共利益的工具，而非權力操控的升級裝置。未來世界的公平，不會來自 AI 自身的進化，而取決於我們是否有勇氣監督設計者、對抗系統性偏見、重建選擇與責任的平衡機制。

# 第七章　制度不是中立的：你所處的規則正在引導你選錯

# 第八章
## 反常才正常：
## 適者生存的異常思維

# 第八章　反常才正常：適者生存的異常思維

## ▎第一節　經濟教科書教你怎麼輸掉現實

### 〔理論的完美，無法解釋現實的混亂〕

我們從小接受的經濟教育，大多建構於一套標準模型之上：市場趨於均衡、個體理性選擇、資訊充分流通、價格反映真實價值。這些假設看似中立、邏輯嚴謹，甚至在數學公式與圖表的加持下顯得無懈可擊。然而，一旦走出教室進入現實，這些模型便顯得蒼白無力。物價波動不符預期、資源分配極度不均、泡沫與危機反覆出現、甚至多數人並不按照「理性個體」的方式行動。這顯示出：經濟教科書並不是在描述世界，而是在創造一種簡化版的理想結構，讓人以為可以靠邏輯思維駕馭現實，但實則為失敗埋下伏筆。

### 〔「理性人」只是模型，從來不是你我〕

標準經濟學中的決策者是「理性人」（homo economicus），他們擁有穩定偏好、完整資訊、清楚目標與最大化效用的能力。但行為經濟學與心理學長年研究指出，人類行為往往充滿情緒、慣性、偏見與誤判。我們不會每次都比較所有選項再做決定，也不一定會遵循最佳選擇原則。相反地，我們會受限於選項呈現方式、過去經驗、風險想像、社會期待與短期情緒反應而改變決策邏輯。

## 第一節　經濟教科書教你怎麼輸掉現實

然而，這些現象在教科書中往往被視為「例外情境」或「市場失靈」，而非制度內部的常態。這種處理方式隱含一種邏輯：當現實與理論不符，是現實錯了，不是理論錯了。如此，經濟教育培養的，不是對複雜現象的同理與辨識能力，而是一種排除雜訊、忽視異常的習慣，最終形成決策上的系統性盲點。

### 模型簡化不等於可以忽略變數

為了讓理論可分析、可計算，經濟模型往往排除掉許多變數，如情緒動盪、社會規範、歷史背景、結構不對等。然而這些變數正是現實中最具關鍵影響力的要素。例如在房市研究中，若僅根據供需圖表推論價格走勢，卻忽略政府政策、投資者預期、群體模仿效應、建商壟斷與金融環境變化，便無法預測泡沫與崩盤的實際發生。

在這樣的教育體系下，決策者訓練出來的是「會操作模型的人」，卻未必是「能理解局勢的人」。當問題超出教科書範圍時，他們會下意識將問題簡化為可處理的變數範疇，卻錯過整體系統失衡的警訊。長期下來，這種思維訓練不只影響學生，更深刻地滲透入公共政策、企業治理與金融運作中，最終形成對風險的集體誤判。

## 第八章　反常才正常：適者生存的異常思維

### 當理論不再進化，就成為決策風險

經濟理論本應隨現實變動而修正，然而許多主流教材仍維持數十年前的框架，僅在邊緣增加行為經濟學、心理決策等「補充章節」，卻未真正改變基本邏輯。這種保守主義來自學術體制的穩定壓力、教學便利與考試導向，但代價卻是整整一代人對現實複雜性的低估與誤讀。

當未來面對 AI、氣候危機、數位貨幣、平臺壟斷、非典型就業等挑戰時，標準經濟模型無法給出有效解方，因為它們從來沒預設這些因素會存在。如此一來，教育本該是訓練人面對不確定性，卻反成灌輸一套在不確定中無法運作的理論。這樣的矛盾，讓許多理論精熟者在現實中反而失去方向。

### 現實不是變數，是經濟學的起點

要走出教科書的限制，第一步就是認清：經濟理論是分析工具，不是自然法則；現實是複雜動態系統，不是靜態模型的變數輸入。我們應從觀察生活中的異常現象開始學習，理解人們行為的非理性、社會動機、認知負荷與文化背景，並將其納入分析架構中。

經濟學應從重建問題出發，而非強化標準答案。唯有如此，決策者才能不再依賴僵化模型，而是真正理解人、情境與脈絡的連動關係。下一代的經濟教育，不該再教人如何操作理性模

型,而應教人如何在非理性世界中保持敏銳、靈活與彈性,這才是面對現實風險的生存能力。

## 第二節　越違反直覺,越可能活下來

### 直覺未必可靠,生存策略往往逆勢而行

人類的直覺是一種演化結果,它讓我們在面對立即性威脅時能快速反應,例如聽見怪聲會轉頭、看到高處會恐懼、遭遇壓力會選擇保守。但在現代社會中,這些演化而來的反應機制,並不總是最有利於長期生存。面對抽象風險、結構變化與資訊過載,直覺反而經常帶來誤導。行為科學研究顯示,我們常因直覺而高估眼前損失、低估延遲回報,進而做出短視近利的選擇。正因如此,那些看似違反直覺的策略,反而更能幫助人穿越混亂時代而不致陷入困局。

### 理性不是直覺的反面,而是其修正工具

許多人將理性視為冷酷無情,與人性本能對立,但實際上,理性並不是否定直覺,而是對直覺進行過濾、排序與修正的過程。心理學家康納曼曾區分「系統一」(快速、直覺型思維)與「系統二」(慢速、分析型思維),並指出大多數錯誤來自系統一自動駕駛而未經系統二檢查。

第八章　反常才正常：適者生存的異常思維

在投資中，我們的直覺傾向於「賠錢快逃、賺錢早收」，但這種反應忽略了長期趨勢與風險配置；在職涯規劃中，我們直覺想避免失敗與轉變，但現代勞動市場的高流動性反而要求我們擁有轉換的能力。這些例子說明，唯有能意識並修正自身直覺的人，才能在環境巨變時保有決策彈性與資源分配效率。

## 不合理，才有可能脫穎而出

進化心理學強調，人的行為偏好多半源自過去環境的適應邏輯，但當環境改變，舊有偏好就可能成為風險來源。例如過去「風險避免」是求生的最佳策略，因為資源稀缺且風險代價極高；但今日的資訊與機會環境中，過度保守反而容易錯失關鍵變化點。

這讓我們得出一個弔詭的結論：越違反當下直覺的選擇，越可能在長期中獲得優勢。像是逆向思考、不跟風、冷處理焦慮、對熱門機會保持懷疑、對恐慌保持耐心，這些行為在短期看來不合理，但卻能在系統錯亂時保有韌性與空間。真正的適應力，不在於跟隨群體本能，而在於能辨識「何時不能信任直覺」的能力。

## 勇於延遲反應，是智慧的高階表現

在充滿誘因與即時回饋的世界中，能夠延遲行動、等待資訊、觀察他人反應，是稀有且高價值的能力。這與經濟理論中

## 第二節　越違反直覺，越可能活下來

的「時間折現率」密切相關：許多人因為偏好立即回報而忽略未來收益，但反其道而行者，反而能累積複利式成果。

這種延遲反應也可應用於人際互動與公共行為。當社群媒體上出現爭議事件，多數人選擇立刻表態或轉發，此時選擇沉默與觀察，不僅可避免捲入誤解，也能提供更深層判斷與長期觀點。在資訊爆炸中，延遲行動不是冷漠，而是一種有策略的冷靜與自我保留。

### 把異常思維內建為常態操作

若我們接受「直覺不可靠」作為基本設定，那麼應該在日常決策中內建 一套「異常思維工具箱」，例如：每當想快速行動時，設一個 30 分鐘冷靜期；每當全世界都在做一件事時，先問「為何我應該例外？」；每當遇到風險時，不是逃避，而是問「如果這是必要代價，我能承受多深？」這些提問與反應，將讓人從直覺自動駕駛中抽身，重新建立意識主導的選擇系統。

違反直覺不是逆勢而為的偏執，而是一種生存智慧。它提醒我們：真正的選擇力，不是在於你做了什麼，而是在於你如何決定不做什麼。在這個節奏加快、風險擴散、資訊操控的世界裡，那些能違反直覺而行的人，才有可能活得更長久、更自由，也更有餘裕面對下一個異常的來臨。

第八章　反常才正常：適者生存的異常思維

# 第三節　善用錯覺的決策者反而更穩定

## 錯覺不是敵人，而是潛藏的資源

我們經常將錯覺視為思考的瑕疵，彷彿一旦被它誤導，就無可避免地陷入判斷錯誤。然而，在一個資訊過載、變數繁多且回饋滯後的社會中，錯覺不僅無法完全避免，反而能夠成為一種行動穩定器。許多心理學研究發現，那些相信「世界是可以控制的」、「自己的行動有意義」、「未來會變好」的人，雖然不一定擁有更高準確性，但卻具有更強的心理韌性與行動一致性。這種「建設性的錯覺」（constructive illusion）在現實不穩中，反而能提供穩定前進的心理動力。

## 完全理性者往往無法行動

經濟學家早期假設理性個體會根據完整資訊計算所有選項，進而做出最佳決策。但在真實世界中，這種「完全理性」反而會導致行動癱瘓。當一個人看清所有風險、不確定性與機率時，他可能什麼都不敢做。相對地，那些具備某種過度樂觀、自我高估或掌控錯覺的人，反而更容易持續行動、堅持計畫，並在反覆試錯中達成目標。

這也解釋了為何許多成功者在回顧當年創業或決策時，常說：「如果當初知道會這麼難，我根本不會開始。」這句話不是

### 第三節　善用錯覺的決策者反而更穩定

謙遜，而是承認錯覺在啟動與堅持過程中的必要性。在風險不透明、報酬不確定的情境中，純粹理性者會選擇觀望，而帶著某種錯覺的人卻能邁步前行。穩定，不是因為他們知道未來會怎樣，而是他們能相信自己能夠走下去。

## 穩定性來自錯覺所構成的敘事框架

人類行為的穩定，很大程度仰賴敘事系統的自我強化。一個人若能建立「我是可以承受失敗的人」、「我正在累積非顯性的成果」、「這一切都有其意義」等信念，即便這些信念未必符合當前現實，卻能夠幫助他維持行動一致與情緒穩定。

這種自我敘事所建構的穩定，其實是一種溫和的錯覺系統，它過濾了過度悲觀的預測與片段資訊干擾，並讓個體在多變的現實中維持一貫策略。行為穩定，不是因為看清真相，而是因為有能力選擇相信哪一種「尚未成真但值得相信的未來」。這樣的心理架構，正是許多堅持者、創作者、長期主義者得以續航的內在引擎。

## 行動系統需要「可容忍的錯覺」

與其努力消除錯覺，不如設計一種「錯覺管理系統」：讓錯覺成為可控制、可調節、可支撐行動的認知資源。這不代表我們要刻意欺騙自己，而是理解人在不確定中本就需要心理支撐，而錯覺正是這類支撐的一種形式。

第八章　反常才正常：適者生存的異常思維

具體來說，我們可以在策略設計中預留「錯覺緩衝區」——例如將風險評估留有餘裕、將自我期許設定成未來願景而非立即目標，並定期檢視哪些信念正在過度消耗自己，哪些則能支持穩定行動。這樣的認知策略讓人不會在困難面前瓦解，也不會因一時錯判而全盤否定自身方向。

## 當錯覺成為策略的一部分，行動才能長期化

錯覺與穩定之間的關係，顯示出一種新的生存策略：人不需要完美理解世界才能行動，只需要足夠相信自己能處理接下來的變化。錯覺若能被善用為行動框架的支持力道，就會讓人擁有應對不確定性的韌性。這與傳統經濟學中「理性穩定」的概念完全不同，它不來自資訊充分，而來自信念穩固。

我們終將發現，活下來的不一定是最冷靜的觀察者，而是能為自己構築一套能承受現實重擊的錯覺緩衝系統的人。他們的穩定不是來自看清一切，而是來自信念中那一絲不合邏輯、卻足夠溫暖的希望。

## 第四節　突破邏輯陷阱：
　　　　　如何用逆向思考做選擇

### 順邏輯的路，未必通向正確答案

大多數人在面對選擇時會依賴邏輯推演：如果 A 發生，那麼 B 就是合理的反應；如果多數人這麼做，那我也應該跟進。這種線性推理在簡單情境中確實有效，但在充滿不確定性、多重變因與回饋延遲的現代環境裡，這種「看起來正確的邏輯」反而會讓我們掉入判斷陷阱。因為真正的困難往往藏在那些不被預設的例外裡，而順邏輯的思維通常會忽略異常、壓制反向訊號，導致系統性誤判。

### 邏輯不過是思考習慣的慣性回音

我們所謂的邏輯，其實是來自語言結構、社會常識與過去經驗交織出的預設模式。這些模式讓我們能快速反應，但也讓我們陷入認知慣性。心理學家特沃斯基與康納曼在研究中指出，人類在面對模糊問題時常傾向使用「可得性捷思法」（availability heuristic），即根據腦中容易浮現的資訊來判斷情境，而非實際最重要的變數。

這就導致我們常常在「看起來合理」的選擇中迷失：看到市場下跌就覺得該拋售、看到他人升遷就覺得自己也該跟上、看

第八章　反常才正常：適者生存的異常思維

到政策紅利就想趕快申請。但真實的世界中，機會往往藏在那些「逆勢訊號」之中 —— 也就是那些與直覺邏輯不一致、甚至初看之下「不合理」的做法。

## 逆向思考不是唱反調，而是打破預設

逆向思考不是為反而反，而是主動質疑當前的主流敘事與預設框架。它不是否定邏輯，而是擴大邏輯的視角。它問的是：「這套邏輯忽略了什麼？」、「如果完全顛倒會怎樣？」、「是否還有第三條路？」這些問題能讓我們在選擇前跳脫習慣迴路，避免落入群體盲點。

舉例而言，在職涯選擇上，主流邏輯是「找一份穩定、高薪、可預期的工作」，而逆向思考則會問：「若這條路走的人最多，那是否已經競爭飽和？」、「是否有尚未被發現的需求區塊？」或甚至「我是否能創造一種不存在的職涯形態？」這些反問讓選擇從「選現有」變為「創新局」，進一步提升生存彈性與戰略位置。

## 逆向選擇讓你看見盲點的盲點

逆向思考的真正價值，在於讓人看到自己沒看到的框架。經濟學中的「邊際效用遞減」告訴我們：越是大家認為有價值的選項，其實邊際報酬越低。那麼，是否有可能那些一開始看似冷門、被忽略、甚至遭到輕視的選項，才是未來的潛力股？這種邏輯跳躍，正是逆向思考的精髓。

## 第四節　突破邏輯陷阱：如何用逆向思考做選擇

當你總是比別人晚一拍，就是因為你總是選擇與別人相同的路。逆向選擇不是押注風險，而是透過獨立思考規避集體失誤。例如：在金融危機前大量專家建議加碼房地產，但極少人質疑「為何價格永遠會漲？」；在疫情發生前，極少人思考「全球供應鏈若停擺會怎樣？」那些最早看出這些盲點的人，往往不是最聰明，而是最敢問「這樣真的合理嗎？」的人。

### 培養逆向判斷力的五個自我提問

為了在日常中練習逆向思考，我們可以設計一套「反邏輯檢查表」來進行決策前的思考演練：

- 如果現在大家都這麼做，有沒有可能風險正累積在這裡？
- 我的選擇是否只是反射他人期待而非內在需求？
- 這個邏輯的前提是什麼？如果這前提錯了呢？
- 有沒有一個更極端、更徹底的做法，雖然荒謬卻值得試？
- 若我完全從反方向出發，我會如何重新定義這個問題？

這些提問能幫助我們跳出邏輯的圍欄，避免被語言與常識困住，進而找出那些真正屬於自己的決策軌跡。

逆向思考不是危險選擇，而是避免集體失誤的保險。真正的選擇自由，不是在既有選項中挑出一個，而是在每次選擇前，願意問一次：「這套邏輯真的是唯一嗎？」

## 第五節　行為修正的經濟學：
　　　　從觀察自己開始

### 經濟行為的第一現場，就是你自己

傳統經濟學將人視為理性決策的主體，但行為經濟學發現，多數人的選擇常常不合邏輯、受情緒影響，甚至會在明知後果不佳時仍堅持錯誤行為。這並不是因為我們缺乏知識，而是我們無法即時觀察並修正自己的行為模式。真正的行為修正，往往不是來自外部刺激，而是源自一種對自身決策慣性的覺察能力。若要理解經濟學如何落實於個人層次，第一步不是看數據，而是觀察自己如何選擇、如何猶豫、如何重複犯錯。

### 決策不是結果，而是模式的堆疊

你每天花錢的方式、面對選項時的猶豫、反覆延遲任務的習慣，這些看似瑣碎的行為，其實是你對風險、獎勵、時間與能量分配的長期演算法。它們不是孤立的錯誤，而是你的大腦用來「節省運算成本」的思維捷徑。心理學家格爾德・吉仁澤（Gerd Gigerenzer）提出「有限理性」（bounded rationality）概念，認為人在時間與資訊有限情況下，會傾向使用啟發式而非完全計算。

這些啟發式讓我們快速行動，但也導致許多偏誤。例如「後

見之明偏誤」讓人錯估決策前的風險難度、「承諾升級效應」讓人持續投入失敗的方案、「沉沒成本謬誤」讓人無法果斷抽身。若要修正這些偏誤，不能只是提醒自己「要理性」，而是要找到出錯的那一刻在哪裡，並介入那個片段。

## 觀察比修正更重要：你改變的不是行為，而是習慣化的反應

真正的行為修正不在於一次大轉變，而是建立一套觀察自己的能力。這需要三個步驟：第一，建立「行為紀錄」，將自己的日常決策、花費、延遲與衝動記錄下來；第二，辨識「觸發點」，找出每次重複行為背後的情緒、情境與語言自我對話；第三，設計「行為替代」，不是單純禁止某行為，而是給予另一個更容易執行的替代方案。

例如：若你總是在壓力大時購物，修正方式不是強迫自己不花錢，而是預先設計一個替代行為，如散步或做記錄；若你習慣在夜晚拖延計畫，與其自責「我怎麼又失敗」，不如換個時間啟動任務，或降低任務啟動難度。這些調整不是改變目標，而是改變進入目標的路徑設計。

## 建立回饋迴路，比設立目標更實際

多數人行為修正失敗，是因為他們只設定「目標」，卻沒有設計「回饋機制」。一個沒有回饋的目標，是不可能持續的。經

# 第八章　反常才正常：適者生存的異常思維

濟學上,「動態一致性」(dynamic consistency) 是長期策略穩定的必要條件,而行為上的動態一致性,來自於你能不斷知道自己偏離多少,並且有回到軌道的工具。

這意味著:你需要一個可以觀察、記錄與反省的平臺或儀式,例如每日五分鐘的回顧筆記、每週一次的目標微調、每月一次的錯誤清單。這些行為並不耗時,卻能讓你在意識層面重新取得行動主導權,避免陷入自動駕駛的慣性軌道。

## 修正不是懲罰,而是再建構決策環境

行為修正不應是一場對自我的戰爭,而是一場與自己生活條件對話的過程。許多偏誤其實不是你的錯,而是來自環境中的引導設計錯誤。你無法專注,可能是因為手機通知設計過於擾動;你無法儲蓄,可能是因為支出提醒不夠即時;你無法堅持運動,可能是因為時間安排與身體節奏未對應。

因此,與其責怪自己「自律太弱」,不如轉向設計你的行動環境。經濟學不只是關於價格與市場,更是一門關於選擇如何產生的學問。而選擇最常出現的地方,不是在股票市場,而是在你每天早上決定滑幾分鐘手機、下班回家打開什麼影片、夜晚是否再次拖延計畫的那一刻。從那裡開始,才是真正的經濟學練習場。

## 第六節　生存不是競爭，而是「選擇與適配」

> 生物演化告訴我們：
> 勝出者不一定最強，而是最合適

在經濟語言中，我們經常使用「競爭力」、「勝出者」、「最適策略」等詞彙來描述市場行為。但若從生物演化的觀點來看，真正能延續與生存的物種，並不一定是體型最大、移動最快或智力最強的個體，而是那些能夠與環境產生高度適配性者。達爾文所說的「適者生存」，其實更接近「生存者是最能調整的人」。將此觀點轉化至現代生活與經濟系統中，我們更需要的，不是擊敗對手的技巧，而是快速觀察、靈活調整、策略撤退與重構行為的能力。

> 競爭心態會讓你忽略真正重要的訊號

我們從小接受的社會訓練是：努力向前、排名靠前、證明自己、打敗他人。這樣的競爭框架會讓人將注意力集中在「與他人比較」上，而不是「與環境互動」。行為經濟學家指出，這樣的外部導向行為模式容易造成「參照依賴性」，也就是個體將滿意度建立在外部他人行為之上，導致情緒不穩、風險錯估與策略過度追求短期表現。

## 第八章　反常才正常：適者生存的異常思維

一個總是與他人比較的人，容易忽略自身與環境的真實互動需求。舉例而言，在不景氣的就業市場中，若你總是專注於「如何表現得比其他人強」，你可能會忽略更重要的問題：這個產業是否正在萎縮？我的技能是否還具備未來需求？而真正穩定的人，往往不是競爭者，而是觀察者──他們不急著出手，而是先評估趨勢、等待轉變、適時切換。

### 適配者的邏輯：選擇不是贏，而是減少錯配

在不確定性越來越高的社會中，生存策略的核心不再是「如何成為最強的」，而是「如何減少環境錯配」。適配思維主張：每一個選擇，都不是絕對對錯的問題，而是你是否放對了位置。這就如同拼圖，不是形狀最好看的那塊才有價值，而是能剛好放進正確位置的那塊最關鍵。

這種思維強調主觀條件與外部情境的動態對話：你不必強迫自己變成某種樣貌，只要能持續調整自己與環境的關係，就能創造長期穩定。例如：你可以發現自己適合的工作節奏、找到與自己價值觀相合的組織、選擇能長期共存的生活節律。這些選擇未必華麗，卻能讓你不掉出賽局，不因一時挫折而迷失方向。

### 靈活取代強悍，調整勝過堅持

適配策略的核心不是一套固定解法，而是一種開放結構的思維訓練。你必須允許自己修正目標、重新分配資源、甚至放

## 第六節　生存不是競爭，而是「選擇與適配」

棄原有戰場。這並不是放棄，而是深度調整：你的核心價值不變，但你能不斷修正行動方式與環境連結點。

例如：當某條職涯路線明顯出現瓶頸，與其堅持努力突破，不如重新定義自己的角色與任務場域；當人際網絡出現高耗損狀態，與其強撐經營，不如切換互動模式或進行節點重組。這些看似「逃避」的選擇，其實是更高階的資源分配智慧。

### 長期生存力，來自動態適配的內建系統

若我們將每個人看成一套決策系統，那麼適配者就是能在內部建構出「動態調整模組」的人。他們在面對環境劇變時，不會驚慌失措，而是啟動觀察、分析、調整與實驗的流程。他們不是沒有恐懼，而是將恐懼轉化為觀察與策略行動的能量。他們不與世界對抗，而是尋找與世界共振的節奏。

生存，不是贏過他人，而是能撐過系統變動的多重回合。與其累積勝利次數，不如累積適配經驗。這才是真正的經濟行為：不是選最強，而是選最能與你當下所處的世界產生對應的那條路。

# 第八章　反常才正常：適者生存的異常思維

## ▋第七節　在不合理的市場裡活出自己的節奏

> 市場不是公平擂臺，而是偏誤的集合體

　　經濟教科書告訴我們市場是供需平衡、價格透明、競爭有效的場域。但現實中的市場，充滿了資訊不對稱、規則偏斜、結構性壟斷與情緒操控。這樣的市場其實並不「合理」，它不是設計來獎勵最努力者，而是傾向獎勵最能理解遊戲規則、最能適應脈動的人。若你一味追求「合理表現」、「標準成績」與「符合預期」，反而會被這個市場消磨掉個人節奏。

　　這也意味著：要在市場中長期生存，我們不能靠融入，而要靠辨識與建立自身節奏。你的節奏不一定符合主流，但它能讓你保有能量、掌握行動主權，並在不合理的市場中保有最低程度的自我穩定。

> 他人的節奏，是市場的干擾訊號

　　現代市場以極高頻率運作：KOL 直播刺激消費、24 小時資訊轟炸、投資工具秒級反應、社群動態逼你即時反應。這些節奏背後隱藏的，其實是一種對人的心理壓力操控──讓你覺得「不跟就會落後」、「不買就會虧大」、「不做就會錯過」。這是一套以焦慮為燃料的市場節奏系統。

　　當你被拖進他人的節奏，你的判斷也會變得浮動、焦躁與

第七節　在不合理的市場裡活出自己的節奏

短視。你以為你在做選擇,其實是反射他人的步調而已。真正穩定的個體,會主動剝除他人的時間感、價值觀與比較框架,在這些干擾之外重新校準自己的內在節奏,並據此做出選擇。

## 找到節奏之前,先學會拒絕同步

活出自己的節奏,不是從規劃開始,而是從拒絕開始。你要先敢於拒絕「大多數人怎麼做」,才有機會聽見自己真正的節奏聲音。這意味著:你要能承受空窗期、不穩定期與邊緣期,因為這些是你脫離主流同步後必然會經歷的階段。

這不代表逃避,而是重新建立節奏感所必須付出的成本。就像音樂創作,不可能一開始就準確對拍,而是要先離開噪音、練習靜默,才能辨認自己節奏的基音。在職涯規劃中,這可能意味著先不求升遷、不求穩定薪水,而是找尋你在什麼情境下能最有效發揮;在投資中,這可能代表你選擇錯開市場熱點、擁抱冷門資產。

## 自主節奏是一種行動與情緒的雙重調頻

真正的節奏,不只是行動的步調,更是情緒的呼吸頻率。許多人在面對不合理市場時之所以失控,是因為他們只想掌握策略,但沒同步管理情緒。節奏感建立的第一步是能「感知波動而不被拉走」,這需要你對於自身焦慮、期待、挫折的出現有高度敏感,並能用認知語言解釋它,而非讓它主導你的決策。

## 第八章　反常才正常：適者生存的異常思維

你的節奏就是你面對波動時的調頻能力。例如：你能不能在市場下跌時不恐慌、不被悲觀論影響？你能不能在熱點話題爆發時選擇不跟風？你能不能在他人加速奔跑時選擇慢下來？若可以，那代表你已經建立了足夠的節奏辨識與調節能力，也就是在這個市場中的一種行動自由。

### 建立節奏的五項練習

（1）每週列出哪些行動是你主動規劃，哪些是被他人節奏推著做的，並檢討比率。

（2）在做重大決策前，進行 24 小時靜默延遲，以避免反射性反應。

（3）每月選擇「拒絕一個主流建議」，來練習反節奏的判斷力。

（4）設計屬於自己的行動週期，例如三天集中工作、兩天充電，讓節奏有自主性。

（5）學會為自己的低潮、空白期命名與接受，不再用「沒產出＝失敗」來衡量節奏。

這些練習能幫助你不再只是市場的節拍器，而是成為節奏的創造者。

活出自己的節奏，不只是生存策略，更是一種現代生活的自主態度。當市場再混亂、節奏再逼人，你也能穩穩走在自己的拍子上，而不是別人的加速鍵下。

## 第八節　建立行動預備系統，而非單一目標計畫

### 單一目標讓人脆弱，預備系統才讓人有餘裕

現代社會鼓吹目標導向的思維：設一個明確目標、拆解步驟、制定期限、逐步完成。但這種線性計畫邏輯在面對高變動、高不確定性的環境時，反而會讓人陷入高度脆弱。因為一旦變數出現、情境轉向、他人反應超出預期，原本完美的計畫便會全盤失效。這時，不是你不夠努力，而是你的目標設計太過剛性，無法承受現實的動態衝擊。

相較之下，建立「行動預備系統」的思維，是從多條可能路徑出發、為不同狀況預留空間的策略。它不是設定一條完成目標的直線，而是設計一套可彈性調整、可並行執行的選擇矩陣。這種結構，不僅能應對變動，更能減少計畫失效後的心理崩潰與自我否定。

### 預備系統不是備胎，而是備案網絡

多數人將備案視為計畫失敗時的「退路」，但真正的行動預備系統，是在一開始就設計「多路並行」、「中途轉向」與「意圖錯置」的策略邏輯。它不是主計畫失敗才啟動的替代方案，而是本來就在主流程中運作的一組互補節點。

## 第八章　反常才正常：適者生存的異常思維

例如：在職涯發展中，與其只追求升官或高薪，不如同步發展副業興趣、社交網絡或新技能；在財務安排中，與其只依賴一種投資標的，不如分散配置、保留流動性；在人際連結中，與其完全投注於單一社群，不如建立多重信任場域。這些看似旁枝末節的布局，其實構成了你面對突發狀況時的行動緩衝。

## 多重預備不是分心，而是重心再分配

不少人擔心「一心多用會效率低下」，但實際上，適度的多元布局反而能提高系統彈性與心理韌性。這是因為：

- 多重目標可以互相支援，當一條路受阻時，其他路線能快速補位；
- 不同軌道上的回饋能提升學習速率與錯誤調整能力；
- 對單一路徑的情感依附降低，能減少情緒波動與風險集結。

這種預備思維強調「資源的非集中化配置」——不把所有的注意力、能量與情感投注於唯一指標，而是學會平衡、轉換與調頻。這不是逃避焦點，而是重建行動的持久性與系統延展性。

## 第八節　建立行動預備系統，而非單一目標計畫

### 行動預備系統的四個設計原則

要建立有效的行動預備系統，可以從以下四個原則著手：

### 1. 模糊前景原則

不要把目標定得太具體與剛性，而是維持一種方向性與彈性空間。例如，與其設定「三年內升主管」，不如設定「三年內成為跨部門策略溝通者」。

### 2. 資源彈性原則

避免時間、金錢、人脈、技能完全綁定於單一路徑，要刻意保留「可轉移資源」，像是可靈活轉換用途的技能、可再配置的時間段。

### 3. 副軌運行原則

設計至少一條不依附主線的副路徑，定期檢查其生命力。例如經營個人品牌、寫作、學習新工具等，不需短期回報，但能長期支撐系統彈性。

### 4. 情緒預演原則

針對最可能的失敗情境，提前進行情緒模擬與心理準備，如此當情境來臨時不會崩潰。

這些原則不是讓你變得分散，而是讓你變得有備無患。

第八章　反常才正常：適者生存的異常思維

> 適應力不是面對困難時才開始準備，
> 而是早已為混亂預留位置

　　一個成熟的決策者，不是擁有完美計畫的人，而是能夠面對計畫中斷時，立即切換行動模式的人。這種能力的關鍵，不在於反應快，而在於本來就有「多層行動預設」──你不需思考 Plan B，因為它早已是 Plan A 的一部分。

　　建立行動預備系統，是一種與不確定共處的智慧。它讓你不再恐懼變化、不再過度依賴掌控，而是學會在變動中發現新的可能性。這種行動方式，不是妥協，而是一種更高階的主動設計：你不是為了成功而設計目標，而是為了長期存在與演化而設計系統。

## ▌第九節　心理彈性比金錢多寡更重要

> 有錢不一定能撐過危機，
> 有彈性的人卻能適應突變

　　在現代社會，財富被視為衡量生存能力的標準──存款多、投資穩、資產分布廣，似乎就是安全與成功的保證。但近年的全球危機，如疫情封鎖、通膨飆升、產業斷鏈與心智健康議題高漲，都揭露了一個真相：即使擁有可觀資產，也可能無法抵擋突如其來的變局。反觀，那些資產平凡但能快速調整步調、

第九節　心理彈性比金錢多寡更重要

重新界定目標、在壓力中維持穩定情緒的人，反而更能穩健過關。他們的關鍵資產，不在戶頭裡，而在心理彈性上。

## 心理彈性是什麼？不是樂觀，而是調整的能力

心理彈性（psychological resilience）並不等同於積極正面、充滿希望的性格特質，而是一種動態調整能力——當外界打亂既有節奏時，個體是否能快速調整認知框架、情緒機制與行為策略，使自己回到穩定狀態。它不是「撐住不崩潰」的壓抑，而是「重新調頻」的轉化能力。

這種能力包含了幾個層次：

- 覺察力——能快速察覺自身處於異常壓力與焦慮狀態；
- 轉化力——能將無助情緒轉換為可處理的任務；
- 重構力——能用新敘事解釋現狀，從混亂中建立新的秩序。

這三者交織成一種內在彈性系統，讓個體即使遭遇環境崩解，也不會內部同步崩潰。

## 財務儲備有極限，心理儲備才是真正的抗壓裝置

我們習慣為風險建立金錢備援：保險、儲蓄、投資組合等。但心理儲備卻常被忽略，直到危機真正發生才發現，財務雖足，內心卻無處安放。舉例來說，一位具備高薪與穩定現金流的人，

第八章　反常才正常：適者生存的異常思維

在突遭解僱時若心理彈性不足，可能因自我否定與社會認同崩解而陷入無法行動的困境；反之，收入平凡但具備情緒穩定與認知調整能力者，反而能冷靜應對，迅速重新布局。

這說明：真正的抗壓裝置，不是財務結構本身，而是支撐這些結構背後的心理系統。當人能面對損失不驚、不責怪自己、不逃避現狀，他就有能力快速啟動下一步，而不是在情緒內耗中耗盡決策力。

## 建立心理彈性的五個日常練習

### 1. 設計心理復原流程

像身體健康有復原期一樣，心理也需要有「崩潰後的重建機制」。建立一套專屬於自己的修復流程，如散步、寫作、與人對話、靜坐，讓情緒不再累積成長期壓力。

### 2. 練習失敗模擬

定期設想可能發生的失誤情境，並模擬應對方式。這不是杞人憂天，而是心理肌肉的訓練場。

### 3. 降低自我批評的語言濾鏡

遇到困難時，問「這真的全是我的錯嗎？」、「我是否能容許現在的自己只是沒準備好？」讓自我對話更溫柔有彈性。

### 4. 建立非成就型自我認同

將「我是誰」的定義從外部表現拉回內在價值,例如「我是一個願意持續學習的人」,而非「我是一個必須永遠成功的人」。

### 5. 情緒韌性日記

每天記錄一件自己在壓力下調整得不錯的事情,建立情緒正向記憶的資源庫。

這些練習能逐步厚植心理系統的調適力與重構力,讓人在面對波動時有更高的承受餘裕。

## 金錢的極限,是心理系統的起點

當社會變動速度超過計畫更新的速度,我們終將明白:能幫助你撐下去的,不是存摺數字的多寡,而是你是否有一套能在混亂中自我重整、重構意義與重新出發的心理機制。心理彈性不是情緒上的強悍,而是認知上的開放、行動上的調整與意志上的耐性。

財富會縮水,計畫會破局,制度會崩潰,但心理彈性是一種你能主動建構、隨身攜帶、無法被奪走的深層能力。真正的安全感,不是「我有多少」,而是「即使失去,我還能重建多少」。

第八章　反常才正常：適者生存的異常思維

# 第十節　新經濟人類的八種底層策略

> 不只是求生，而是一種新的經濟生存哲學

面對一個資源有限、風險放大、資訊極度破碎與制度常變的世界，我們逐漸從「追求成功」的傳統理性轉向「避免崩潰」的底層策略。新經濟人類，不再盲目追求最佳選項，而是深諳不確定性中的應對藝術，從彈性、備援、模糊性與模擬實驗中尋求生存空間。他們不求完美配置，而是設法「活得久、活得下來」，讓行動節奏與環境互動不脫節、不耗損。

以下是八種新經濟人類逐步建立的底層策略，每一項都不是顯眼的外部行為，而是內在行動系統的潛規則：

### 1. 對未來保持模糊感知

他們從不強求預測未來，而是維持模糊而彈性的方向性。他們不相信五年計畫，而相信每三個月調整一次大局觀。他們知道，不確定性無法被克服，只能被接納與應變。

### 2. 降低心理財務依附

相較於追求快速致富，他們更注重財務穩定性與靈活性。他們不過度消費，也不將自我價值綁定在收入與資產數字上。心理上脫鉤財富焦慮，是他們情緒健康的起點。

## 3. 建立多軌生存系統

他們從不押注單一路徑,而是同時發展兩到三條中低成本、高彈性的副路線。他們可能有主職、接案、創作、教學、投資等多元模塊,隨時可轉、可重構。

## 4. 培養非專業型技能

他們重視跨域能力與行動協作能力,像是簡報力、系統整理力、情緒轉譯力與學習模組化。他們知道:當市場重構,非專業能力才是最先派上用場的生存資產。

## 5. 日常建立容錯與緩衝區

他們不把行程排滿、不把預算壓到底。他們習慣在計畫中保留「多餘空間」,這不是懶散,而是對突發變數的禮貌。他們知道,越緊湊的系統越容易崩盤。

## 6. 習慣於階段性自我錯誤修復

他們不迷信一勞永逸的選擇,而是定期對自己路線、方法與節奏進行微調。他們容許自己「變來變去」,甚至把這種流動感當作策略本身。他們的穩定來自流動中的核心定位。

## 7. 主動設計心理節奏與韌性迴路

他們不讓情緒完全交由外部情境牽引,而是有意識地進行調頻訓練。他們有對抗焦慮的配套、有消化批評的緩衝區、有延遲反應的預設裝置。他們為內在心理建構一種抗震結構。

第八章　反常才正常：適者生存的異常思維

**8.將失敗視為週期性現象而非個人崩壞**

他們知道，崩潰是制度與脈絡性的結果，不是個人無能。他們對「跌倒」早有準備，也早有重啟的資源。他們不是完美操盤者，而是反覆修正軌跡的行者。

## 與變動共存，而不是與成功綁定

這八項底層策略，構成了一種新的經濟心理結構，不是為了競爭與致勝，而是為了與複雜世界共存。新經濟人類不是要贏，而是要懂得在變動中「不輸」。他們不需要被理解，因為他們不是潮流，而是未來的預備版本。

最終，新經濟人類所追求的不是單一成功敘事，而是一種能持續更新、靈活反應且情緒穩定的生命操作系統。他們不迷信某種標準化成就，也不追隨某種單一路線的幸福樣板。他們追求的是「系統健康」——一種容許錯誤、有能力重啟、足以在長期博弈中留下的位置感。這種位置，未必顯赫，但堅固；未必光鮮，但韌性強大。

真正的強者，不是穿越風暴的人，而是能在風暴來臨前就建好船、設好風帆、準備好多條路線的人。

第十節　新經濟人類的八種底層策略

國家圖書館出版品預行編目資料

人生不是經濟學教的那樣：這世界不是讓你選的，是逼你選的 / 梁夢萍 著. -- 第一版. -- 臺北市：財經錢線文化事業有限公司, 2025.08
面；　公分
POD 版
ISBN 978-626-408-364-5( 平裝 )
1.CST: 行為心理學
176.8　　　　　　　114011534

# 人生不是經濟學教的那樣：這世界不是讓你選的，是逼你選的

作　　者：梁夢萍
發 行 人：黃振庭
出 版 者：財經錢線文化事業有限公司
發 行 者：崧燁文化事業有限公司
E - m a i l：sonbookservice@gmail.com
粉 絲 頁：https://www.facebook.com/sonbookss/
網　　址：https://sonbook.net/
地　　址：台北市中正區重慶南路一段 61 號 8 樓
8F., No.61, Sec. 1, Chongqing S. Rd., Zhongzheng Dist., Taipei City 100, Taiwan
電　　話：(02) 2370-3310　　傳　　真：(02) 2388-1990
印　　刷：京峯數位服務有限公司
律師顧問：廣華律師事務所 張珮琦律師

-版權聲明-
本書作者使用 AI 協作，若有其他相關權利及授權需求請與本公司聯繫。
未經書面許可，不可複製、發行。

定　　價：350 元
發行日期：2025 年 08 月第一版
◎本書以 POD 印製